J. Warner Wallace und Susie Wallace
mit Rob Suggs

Tatort Schöpfung

Mit der Kripo auf Spurensuche

J. Warner und Susie Wallace
mit Rob Suggs

TATORT SCHÖPFUNG

J. Warner Wallace und Susie Wallace mit Rob Suggs
Tatort Schöpfung
Mit der Kripo auf Spurensuche

Best.-Nr. 271843
ISBN 978-3-86353-843-9
Christliche Verlagsgesellschaft Dillenburg

Originally published in English under the title:
God's Crime Scene for Kids

Published by David C Cook
4050 Lee Vance Drive, Colorado Springs, Colorado 80918 U.S.A.

Es wurde folgende Bibelübersetzung verwendet:
NeÜ bibel.heute,

1. Auflage

www.cv-dillenburg.de

Übersetzung: Svenja Tröps
Satz und Umschlaggestaltung: Christliche Verlagsgesellschaft Dillenburg
Umschlagmotive: © freepik.com/freepik

Druck: GGP Media GmbH, Pößneck
Printed in Germany

Wenn Sie Rechtschreib- oder Zeichensetzungsfehler entdeckt haben, können Sie uns gerne kontaktieren: info@cv-dillenburg.de

Inhalt

Stimmen zum Buch

„Detective Wallace hat es wieder geschafft! Mit wunderbaren Geschichten und Illustrationen gibt er Kindern einen interessanten und verständlichen Zugang zu schwierigen Themen. Es ist zweifellos eines der besten apologetischen Bücher für Kinder. Wir werden dieses Buch auf jeden Fall mit unseren eigenen Kindern gemeinsam lesen."

Sean und Stephanie McDowell, Lehrer, Autor (Sean) von *Wer ist dieser Mensch?* und Eltern von drei Kindern

„Das Christentum behauptet, wahr zu sein. Und wir können dieser kühnen Behauptung glauben, weil sie durch eine Fülle von Beweisen gestützt wird. J. Warner und Susie Wallace leisten hervorragende Arbeit, indem sie diese Beweise auf gut verständliche Weise für Kinder (und Erwachsene) darlegen. Dieses Buch wird den Kindern in Ihrem Umfeld zu der Erkenntnis verhelfen, wie rational das Christentum ist; und es wird sie auf die unvermeidlichen Angriffe vorbereiten, die auf sie zukommen werden."

Dr. Jeff Zweerink, Astrophysiker, wissenschaftlicher Mitarbeiter bei „Reasons to Believe" und Autor des Buches *Is There Life out There?*

Willkommen!

Falls du bei unserer letzten Untersuchung, dem *Cold Case Christus*, dabei warst, freue ich mich, dass du wieder mitmachst und beim Lösen eines neuen Rätsel hilfst. Wenn du zum ersten Mal dabei bist und lernen willst, wie man Kriminalfälle löst, mach dir keine Sorgen! Du wirst schon bald alles erfahren, was ein guter Ermittler wissen muss.

Mein Name ist J. Warner Wallace, und ich bin ein *Detective*. Das ist ein Dienstgrad der amerikanischen Kriminalpolizei und entspricht dem deutschen Kriminalbeamten. Ich habe mich auf *Cold Cases* spezialisiert – also alte Fälle, die niemand lösen konnte. Manche meiner Fälle wurden schon im Fernsehen gezeigt oder in den Nachrichten erwähnt. Als ich noch ein Junge war, ging ich zur *Police Explorer Academy* – das ist so etwas wie die deutsche Jugendfeuerwehr, nur im Bereich der Polizei. Dort habe ich viel gelernt und habe die gesamte Jugendausbildung durchlaufen. Jahre später, als ich schon erwachsen war und mich für eine Karriere im Polizeidienst entschieden hatte, durfte ich in meiner Zusatzausbildung zum Detective sogar noch mehr lernen. Mein Seniorpartner Alan Jeffries nahm mich unter seine Fittiche und lehrte mich, wie ein Ermittler zu denken. Ich verdanke ihm sehr viel.

Anfangs fühlte ich mich von Detective Jeffries eingeschüchtert, weil er ein sehr ernster Mann war, der manchmal ein wenig brummig wirkte. Aber je besser ich ihn kennenlernte, desto klarer wurde mir, dass er ein guter Mensch und ein großartiger Detective ist. Er ist der perfekte Ausbilder, um dir und den anderen Schülern in diesem Buch zu zeigen, wie man ein Rätsel löst. Die Fähigkeiten, die du von Detective Jeffries erlernst, werden dir helfen, Kriminalfälle zu lösen und auch andere wichtige Lebens-Entscheidungen zu treffen.

Tatsächlich untersuchte ich mit meinen Fähigkeiten, die ich von Detective Jeffries erlernt hatte, die Bibel. Auch wenn ich heute Christ bin, war ich das nicht immer. Damals wollte ich überprüfen, was die Bibel mir über Jesus erzählt, und setzte dafür meine Fähigkeiten als Kriminalkommissar ein. Nachdem ich meine Ermittlungen abgeschlossen hatte, wusste ich, dass Jesus wirklich der Sohn Gottes ist.

Ich habe meine Fähigkeiten als Ermittler auch genutzt, um den Fall um die Entstehung des gesamten Universums zu untersuchen. Ich habe nach Hinweisen gesucht, wie ich es an einem Tatort tue, und ich habe versucht herauszufinden, was das Universum und alles darin verursacht hat. Ich habe alle Fähigkeiten genutzt, die mir Detective Jeffries beigebracht hat, und jetzt kannst du genau das Gleiche tun. Alan Jeffries wird dir und den anderen Schülern beibringen, wie man das Universum unter die Lupe nimmt, während du gleichzeitig ein Rätsel um einen Schuhkarton löst. Am Ende kannst du dir auch ein eigenes Diplom verdienen.

Übrigens kann sich auch deine Familie an den Ermittlungen beteiligen. Tatsächlich könntet ihr das sogar gemeinsam tun. Wenn deine Eltern gut Englisch verstehen, sag ihnen doch, dass sie sich die Erwachsenen-Version des Buches *(God's Crime Scene)* durchlesen sollen. Auf der Website http://www.casemakersacademy.com/gods-crime-scene/ findet ihr (ebenfalls auf Englisch) viele Videos, Arbeitsblätter und auch ein Leiterhandbuch, die ich gemeinsam mit meiner Frau Susie für dich gemacht habe. Und jetzt wollen wir gemeinsam mit den anderen Schülern ein Rätsel lösen!

J. Warner Wallace

„Hab ich das nur geträumt?"

„Hab ich das nur geträumt?" Jason fährt erschrocken im Bett hoch und guckt an die Decke. Hat er sich das laute Krachen über ihm nur eingebildet, oder war es Teil eines Traums? Kann man tatsächlich aus dem Schlaf gerissen werden, wenn man im Traum ein Geräusch hört?

Jason reibt sich die Augen und sieht auf die Uhr auf seinem Nachttisch: 2:30 Uhr. Was könnte um diese Zeit ein solches Krachen verursachen? Der Dachboden über Jasons Kopf wird so gut wie nie benutzt, und er war schon seit Jahren nicht mehr dort oben. Er holt seine Taschenlampe aus der Nachttischschublade und schleicht langsam in den Flur. Er leuchtet mit der Lampe den langen, dunklen Gang entlang zu einer teilweise geöffneten Dachbodentür.

Er quetscht sich durch die halb geöffnete Tür und steigt die Treppe zum Speicher hinauf. Obwohl er anfangs Angst hat, erinnert er sich daran, dass er ein Mitglied der Jugend-Polizeischule ist. Was würden die anderen Schüler denken, wenn sie wüssten, dass er zu viel Angst hat, sein eigenes Haus zu inspizieren?

Jason reißt sich zusammen und versucht, ruhig zu bleiben, als er den dunklen Dachboden betritt. Er drückt auf den Lichtschalter am oberen Ende der Treppe. Die einzelne Glühbirne, die in der Mitte des Speichers hängt, blinkt kurz, gibt dann ein leises *Plopp* von sich und erlischt. Jason betätigt den Schalter immer wieder, ohne Erfolg. „Na toll", flüstert er leise vor sich hin.

„Ist hier jemand?“, fragt er und versucht, selbstbewusst und mutig zu klingen. Keine Antwort. Er leuchtet mit seiner Taschenlampe in alle Winkel des Dachbodens. Staubpartikel wirbeln in dem beengten Raum auf. Es gibt viele Kisten, eine oder zwei Mausefallen, tote Insekten und Stapel alter Zeitungen. Dann sieht Jason, was die Ursache für das Geräusch gewesen sein könnte. Auf einer Seite des Dachbodens entdeckt er einen umgestürzten Bücherstapel. Mit dem Scharfsinn eines Ermittlers bemerkt er, dass der Staub um die Bücher herum kürzlich aufgewirbelt worden zu sein scheint.

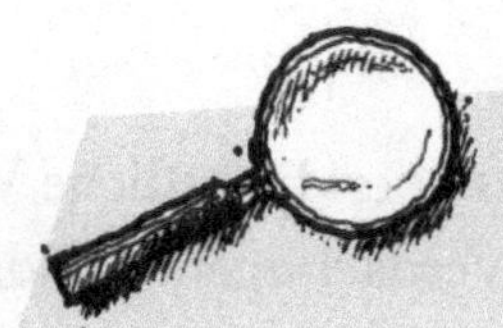

Spurensicherung

Jason schluckt seine Angst herunter und untersucht den Dachboden. Lies Psalm 56,4 (siehe auch S. 169)! Als David sich fürchtete, auf wen vertraute er da?

Jason geht näher heran und betrachtet einen leicht ramponierten Schuhkarton, der zwischen den Büchern liegt. Die Ecken sehen mitgenommen aus, und wahrscheinlich stand er oben auf dem Bücherstapel, bevor der umgekippt war. Mit der Taschenlampe untersucht er den Inhalt des Kartons. Minuten vergehen. Jason ist so fasziniert von dem, was er entdeckt, dass er die Zeit aus den Augen verliert ...

Am nächsten Tag betritt Jason das Besprechungszimmer der Polizei. Man sieht ihm an, dass er nicht viel geschlafen hat. Er blinzelt angesichts des hellen Deckenlichts und begibt sich zu seinem Platz. Die Tische stehen in langen Reihen in Richtung der Stirnseite des Raumes. Dort befinden sich ein kleines Rednerpult und ein Whiteboard. An den Seitenwänden hängen

Infos über die örtliche Verbrechenslage und Bilder von gesuchten Verdächtigen. Auf das Whiteboard hat jemand geschrieben: „Jugend-Polizeischule für Sonderermittlungen".

Auch du möchtest wieder bei der Schulung der Jugendpolizei dabei sein, und deine Freunde Hannah und Daniel sind ebenfalls dabei. Dieses Angebot hat sich schnell unter den Schülern der verschiedenen Schulen der Stadt herumgesprochen. Dieses Mal wird ein Kurs für Sonderermittlungen angeboten. Du gehst zu Jason hinüber, um ihn zu begrüßen, aber bevor du ein Gespräch beginnen kannst, betritt Detective Alan Jeffries den Raum.

„Nehmt eure Plätze ein!", dröhnt Jeffries und klingt dabei so streng wie immer. Wenn du Detective Jeffries nicht mittlerweile gut kennen würdest, wärst du jetzt wahrscheinlich etwas eingeschüchtert, denn er sieht ein bisschen wie ein riesiger Grizzlybär aus und neigt zu einem grimmigen Gesichtsausdruck. Aber dies ist dein zweiter Kurs an der Jugend-Polizeischule mit Detective Jeffries, und du weißt, dass sich hinter der harten und nüchternen Fassade ein Mann verbirgt, der sich genauso freut, dich zu sehen, wie du dich auf ihn freust.

Bevor Jeffries noch etwas sagen kann, schießt Jasons Hand in die Höhe. „Sir", sagt er, „ich habe einen Fall!"

„Einen Fall? Solange es kein Durchfall ist …“, sagt Hannah.

Alle lachen, aber Jason ignoriert sie: „Ein Fall, den wir lösen müssen.“

„Dann lass mal hören!“, sagt Jeffries.

„Nun“, sagt Jason, „ich wohne bei meiner Oma Miri. Ich habe letzte Nacht in meinem Zimmer gelegen und geschlafen. Plötzlich hat mich ein lautes Geräusch geweckt. Es kam von oben – vom Dachboden. Da geht eigentlich nie jemand rauf, aber ich habe meine Taschenlampe geholt und bin nachsehen gegangen. Ich wollte wissen, woher das Geräusch kam.“

„Echt? Und dann?“, fragt Daniel.

Jason beschreibt, was ihm auf dem Dachboden aufgefallen ist und die Sache mit dem umgestürzten Bücherstapel.

„Okay, und wieso ist das ein Rätsel? Du hast doch schon herausgefunden, was den Lärm verursacht hat", sagt Hannah.

„Unter den umgestürzten Büchern habe ich etwas Geheimnisvolles gefunden." Jason beschreibt den Schuhkarton. „Zuerst habe ich mir nichts dabei gedacht, aber dann habe ich mir genau angesehen, was drin war." Die Schüler beugen sich gespannt zu Jason vor, als er seinen Fund schildert. „Ich habe eine kleine Gartenschaufel gefunden, eine Lupe, eine Art Siegelring und die Zeichnung eines Jungen, der neben einem großen, sonderbaren Baum steht."

„Das ist seltsam", sagst du. „Diese Dinge scheinen in keinem Zusammenhang zu stehen."

„Es wird noch seltsamer", antwortet Jason und holt ein altes liniertes Blatt Papier aus seiner Tasche. „Das lag auch in der Schachtel." Jason liest vor, was auf dem Zettel steht:

Lieber Jason,
wenn du diese Zeilen liest, freut mich das. Die Nachricht hat dich tatsächlich erreicht. Das Leben ist voll von schwierigen Situationen und unbeantworteten Fragen. Keiner weiß das besser als du. Aber ich weiß, wo die Antworten zu finden sind. Folge diesen Hinweisen, dann findest du ein Geschenk, das nur für dich bestimmt ist. Es ist die Antwort auf alle deine Fragen. Aber du musst sorgfältig über die Hinweise nachdenken, tiefer graben, genau hinsehen und deine Meinung ändern.

„Na, das ist ja *doch* ein Rätsel", sagt Hannah. „Steht da eine Unterschrift drauf?"

„Nein", antwortet Jason.

„Also gut", sagt Jeffries, „das ist perfekt für unseren nächsten Kurs. Ich werde euch eine Reihe neuer Ermittlungsmethoden beibringen, damit ihr dieses Rätsel lösen könnt. Wenn ihr diese Fähigkeiten anwendet und damit herausfinden könnt, wer diese Notiz geschrieben hat, habt ihr den Kurs bestanden und

Spurensicherung
Gott findet es toll, wenn wir gute Fragen stellen, um so die Wahrheit über ihn herauszufinden.
Lies Matthäus 7,7-8!

bekommt ein Diplom, das euch als Junior-Sonderermittler auszeichnet."

Alle scheinen von dem neuen „Fall" begeistert zu sein. Jeffries geht zum Whiteboard, und die Schüler sehen ihm aufmerksam zu. „Was fällt euch zu dem Zettel ein?", fragt er. „Irgendwelche Beobachtungen?"

Daniel, der immer sorgfältig überlegt, sagt: „Da steht, dass keiner mehr über Unglück Bescheid weiß als Jason. Was soll das bedeuten?" Alle halten inne, um darüber nachzudenken, und gucken dann fragend in Jasons Richtung.

Jason zögert, dann erzählt er etwas, das er noch nie erwähnt hat. „Das stimmt schon", sagt er. Er sieht zu Boden und fügt leise hinzu: „Ich habe meine Eltern verloren, als ich noch ein Baby war. Sie sind bei einem Autounfall gestorben. Ich kann mich überhaupt nicht an sie erinnern. Die meisten Leute halten meine Oma Miri für meine Mutter. Ich glaube, weil sie so jung aussieht."

„Dann bist du also bei deiner Großmutter aufgewachsen?", fragt Hannah und legt ihm fürsorglich die Hand auf die Schulter.

„Ja, jetzt gibt es nur noch uns beide. Mein Opa ist auch gestorben. Da war ich etwa zwei Jahre alt. Ich habe nie verstanden, warum ich meine Eltern und meinen Großvater verlieren musste, bevor ich sie überhaupt kennenlernen konnte."

Während du Jason zuhörst, denkst du daran, dass du ihn ja eigentlich schon etwas länger kennst. Anfangs war er einer der skeptischsten Menschen, dem du je begegnet bist. Er zweifelte vor allem an der Existenz Gottes und der Glaubwürdigkeit des Christentums. Du fragst dich, ob seine Zweifel durch seine Erfahrungen als Kind verursacht wurden. Stellte er die Existenz eines „guten" Gottes infrage, weil seinen Familienmitgliedern etwas zugestoßen war?

„Und wo ist der Karton jetzt?", fragt Detective Jeffries.

„Zu Hause. Ich wohne ganz in der Nähe des Polizeipräsidiums." Jason sieht Detective Jeffries an. „Ich wusste aus meiner Erfahrung als Schüler dieses Kurses, dass ich die Kiste wahrscheinlich so lassen sollte, wie ich sie vorgefunden habe. Ich habe mir vorgenommen, Ihnen heute davon zu erzählen.

Und meiner Oma habe ich auch davon erzählt. Sie glaubt, dass vielleicht Simba die Bücher und den Karton umgeworfen hat."

„Simba?", fragt Hannah.

„Unser Kater. Außerdem hat Oma die Handschrift auf dem Zettel erkannt. Sie sagt, es sei die Handschrift von Opa."

„Aber was hat es mit dieser seltsamen Nachricht auf sich?", fragt Daniel. „Was sind das für Hinweise, die dein Opa erwähnt hat?"

Detective Jeffries sagt: „Das ist das Rätsel, das wir gemeinsam lösen werden." Er sieht Jason an. „Wenn wir das Rätsel des Schuhkartons lösen, können wir mit unseren kriminalistischen Fähigkeiten sicher auch die Antworten auf alle deine Fragen finden, so wie es dein Großvater in seinem Brief erwähnt hat." Jeffries wendet sich an die Schüler und sagt ihnen: „Das nächste gemeinsame Treffen findet bei Jason zu Hause statt."

Detective Jeffries spaziert um die Ecke und gesellt sich zu ihnen.

Von einem Insider geschaffen?

Kurz vor Kursbeginn haben sich alle Schüler auf der Veranda von Jasons Haus versammelt. Detective Jeffries spaziert um die Ecke und gesellt sich zu ihnen. Er trägt eine professionell aussehende schwarze Aktentasche bei sich.

„Also, wo ist denn jetzt der Karton?“, wendet sich Daniel an Jason.

„Ungeduld ist keine gute kriminalistische Fähigkeit“, sagt Jeffries.

Daniel errötet. Hannah grinst und fügt hinzu: „Wir haben noch nicht einmal Jasons Haus betreten!“

Jason öffnet die Haustür. Oma Miri steht im Hausflur und begrüßt alle. Sie ist eine ziemlich kleine Frau mit grauen, schulterlangen Haaren. Sie hat ein ansteckendes Lächeln.

„Herzlich willkommen!", ruft sie fröhlich. Sie hat eine erstaunlich laute Stimme für eine so kleine Person. „Jason hat mir von euren Ermittlungen erzählt. Ich bin gespannt, was ihr herausfinden werdet. Ich zeige euch jetzt den ‚Tatort'." Sie kichert ein wenig und führt euch zur Dachbodentreppe.

„Sie müssen Detective Jeffries sein", sagt Oma Miri.

Jeffries reicht ihr höflich die Hand. „Herzlichen Dank, dass wir heute kommen durften."

Bevor Oma Miri etwas erwidern kann, erscheint Simba und macht sich mit einem lauten Miau bemerkbar. Er ist ein schlanker Kater mit orangefarbenem Fell.

Detective Jeffries beugt sich hinunter und hebt den getigerten Kater auf. „Süßer Kerl", sagt er, während er das Tier hinter den Ohren krault. Simba schmiegt sich sofort an Jeffries' Hals und beginnt zu schnurren. Jeffries streichelt Simba eine Weile lang sanft. Du musst grinsen, als du die softe Seite des Ermittlers siehst, die meistens von einer strengen äußeren Schale verborgen wird. Jeffries bemerkt dein Grinsen aus dem Augenwinkel, und plötzlich wird ihm klar, dass alle Schüler ihn anstarren, während er mit dem Kater schmust. Er setzt das Tier schnell wieder ab, gewinnt seine Fassung zurück und sagt streng: „Das hat keiner von euch gesehen!" Alle kichern.

Durch eine kleine Gaube auf einer Seite des Speichers strömt etwas Licht. Der Raum ist eher karg. In den offenen Dachsparren sind Spinnweben zu sehen. Es ist nicht für jeden genug Platz, deshalb gucken einige der Schüler vom oberen Ende der Treppe aus zu. Die Jugendlichen nehmen ihre Notizblöcke heraus, um ihre Beobachtungen zu notieren.

Detective Jeffries zieht sich ein Paar Einmalhandschuhe an und holt eine Digitalkamera aus seiner schwarzen Tasche. „Beginnen wir damit, den Dachboden in dem Zustand zu fotografieren, in dem du ihn vorgefunden hast. Jason, ist der Dachboden noch so, wie er war, als du neulich abends nach oben kamst?“

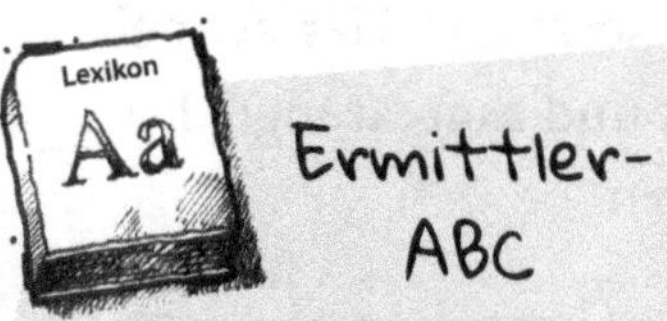

Spurenrelevanz: Kriminalisten untersuchen Spuren, das Spurenbild und die Spurenlage, um herauszufinden, warum sie sich am Tatort befinden und ob sie überhaupt etwas mit der Tat zu tun haben. Wenn wir nicht wissen, wie die Spuren am Tatort verursacht wurden, ist es viel schwieriger, Rätsel zu lösen.

„Ich glaube schon“, sagt Jason, „aber es war dunkel, und ich komme fast nie hier hoch.“

Jeffries beginnt, die heruntergefallenen Bücher und den Schuhkarton zu fotografieren. Er fotografiert auch den staubigen Bereich um den Karton herum, die Spinnweben und sogar die Mausefallen, die auf dem Boden liegen. Nach einigen Minuten wendet er sich an die Schüler.

„Dieser Karton“, sagt Jeffries, während er sich hinhockt, „ist ein gutes Beispiel für etwas, das ich euch heute beibringen möchte. Es geht um eine der ersten Fragen, die sich ein Ermittler stellt, sobald er ein mögliches Beweisstück entdeckt hat: Wie ist es hierhergekommen? Und Jasons geheimnisvoller Schuhkarton ist ein gutes Beispiel dafür.“ Er sieht sich den Karton genau an. „Also gut, worum geht es bei dieser Untersuchung eigentlich?“

Die Schüler sehen sich eine Minute lang an, dann brichst du das Schweigen. „Wir versuchen, das Rätsel zu lösen, wer diese Gegenstände in die Kiste gelegt hat, wofür sie verwendet werden sollen und warum die Botschaft auf dem Zettel für Jason bestimmt ist, richtig?“

„Genau“, sagt Jeffries. „Um diese Fragen beantworten zu können, müssen wir zuerst nach der *Ursache* fragen.“

„Was meinen Sie damit?“, fragt einer der Schüler.

„Nun“, antwortet Jeffries, „wir müssen herausfinden, wie der Schuhkarton überhaupt auf den Dachboden gekommen ist, und wie die Gegenstände in den Karton gekommen sind.“

Jeffries erklärt: „Stellt euch vor, wir untersuchen einen Einbruch in ein örtliches Geschäft und finden einen Handschuh am Tatort. Woher weiß ich, ob er ein wichtiges Beweisstück ist? Vielleicht hat der Dieb ihn fallen gelassen. Aber wenn er nur jemandem gehört, der dort arbeitet, und also schon da war, bevor der Einbrecher den Tatort betreten hat, dann ist er doch gar kein Beweisstück für die eigentliche Tat, oder?“

„Das macht Sinn“, sagst du.

„Wenden wir uns nun dem Schuhkarton zu“, sagt Jeffries, während er ihn vorsichtig vom Boden aufhebt. „Woher kommt der Karton? Es gibt eigentlich nur zwei Möglichkeiten: Entweder stammt der Karton von irgendwo *außerhalb* des Dachbodens, oder er war schon immer *auf dem* Dachboden.“

„Schon immer auf dem Dachboden?“, fragt Jason. „Das ist doch verrückt. Ich meine, er kann nicht immer hier gestanden haben. Schuhkartons kommen von *irgendwoher.*“

„Aber was ist, wenn er hier irgendwie *gewachsen* ist?“, fragt Jeffries mit einem kleinen Lächeln. Du erkennst diesen Ausdruck auf Jeffries' Gesicht. Du hast ihn schon öfter gesehen, wenn er versucht, eine bestimmte Antwort aus den Schülern herauszukitzeln.

Jeffries fährt fort: „In Kellern wächst doch auch Schimmel, oder? Das passiert ganz *natürlich.* Vielleicht können *Schuhkartons* auch auf *Dachböden* wachsen.“

„Das glaube ich nicht“, sagt Hannah mit einem Lächeln. „Schuhkartons wachsen nicht *von Natur aus* auf Dachböden … Wenn sie es täten, wäre dieser Dachboden voll davon, aber das ist der einzige.“

„Stimmt“, sagt Jeffries. „Dann war der Karton also nicht schon immer hier oben und ist auch nicht von selbst aufgetaucht. Das Gleiche gilt für den *Inhalt* des Kartons. Jemand ist von außerhalb gekommen und hat den Schuhkarton hier oben auf dem Speicher abgestellt, und genauso wurden die Gegenstände von jemandem in den Karton gelegt, der sich außerhalb des Kartons befand.“

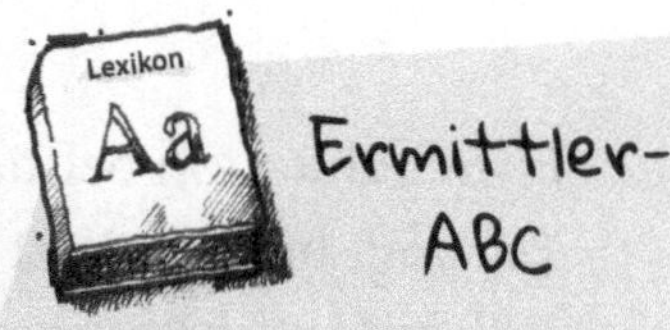

Spurenbewertung:

Wenn Ermittler Spuren untersuchen, stellen sie die Fragen: „Warum befindet sich diese Spur am Tatort, und was verrät sie uns über die Tat und den Täter?‘“

Mehrere Schüler nicken zustimmend mit dem Kopf.

Jeffries fährt fort: „Jetzt, wo wir diese Frage beantwortet haben, sollten wir uns auf den Inhalt des Schuhkartons konzentrieren. Gibt es in der Schachtel irgendwelche Hinweise, die uns verraten könnten, *was* oder *wer* die Ursache sein könnte?“

„Ich glaube, es ist ein *Wer*“, sagt Hannah, „denn da ist ja dieser Brief, und in dem Brief wird der Inhalt des Kartons erwähnt. Zumindest glaube ich das. Da steht ‚genau hinsehen‘, was sich auf die Lupe beziehen könnte, und auch ‚tiefer graben‘, was vielleicht mit der Schaufel zu tun hat.“

„Sehr gut!“, ruft Jeffries aus. „Und darüber hinaus sagt Jasons Großmutter, dass der Zettel aussieht, als wäre er von Opa Ren geschrieben worden.“

„Es gibt also gute Gründe zu glauben, dass der Großvater diese Gegenstände in die Kiste gelegt hat“, sagt Daniel.

„Ganz genau“, sagt Detective Jeffries. „Wir können die Dinge im Schuhkarton keiner Ursache zuschreiben, die sich *im* Schuhkarton befindet. Eine äußere *Ursache* ist die beste Erklärung, und bis jetzt scheint der Großvater die vernünftigste äußere *Ursache* zu sein.“

„Gehen wir in den Besprechungsraum“, sagt Jeffries, während er den Schuhkarton behutsam in eine Tüte steckt, in der Beweismittel aufbewahrt werden. „Ich wette, wir können den gleichen Ansatz anwenden, um eine wichtige Frage über das Universum zu klären.“

Das *Universum?* Was meint Detective Jeffries damit? Du denkst darüber nach, während alle gemeinsam zum Polizeipräsidium laufen und die Schüler wieder im Besprechungsraum Platz nehmen.

Sobald alle sitzen, geht Jeffries zum Whiteboard und malt einen Karton.

„Wir leben in einem riesigen Universum voller Planeten, Sterne und Galaxien. Alles in unserem Universum besteht aus Raum, Zeit und Materie."

Die Schüler gucken ein wenig verwirrt. Was hat das mit dem Schuhkarton von Jason zu tun? Detective Jeffries sieht den fragenden Blick auf euren Gesichtern und zeigt auf die Zeichnung der Schachtel auf dem Whiteboard.

„Wir haben einige Dinge im Schuhkarton gefunden und dann versucht herauszufinden, ob eine Ursache *innerhalb* oder *außerhalb* des Kartons die beste Erklärung ist", sagt Jeffries, während er die Gegenstände aus dem Schuhkarton aufzeichnet. „Was wäre, wenn wir das Universum auf ähnliche Weise untersuchen würden?" Jeffries zeichnet nun ein großes Bild des Universums.

„Könnten die Beweise, die wir im Kosmos finden, durch etwas *innerhalb* des Universums verursacht worden sein, also nur durch Raum, Zeit und Materie? Oder ist die beste Erklärung für diese Beweise etwas *anderes* als Raum, Zeit oder Materie, mit anderen Worten, etwas *außerhalb* des Universums?"

„Die Gegenstände in dem Karton waren entweder schon immer hier drin, sind von selbst entstanden oder wurden von jemandem in die Schachtel hineingelegt, der sich außerhalb befindet. In ähnlicher Weise war alles, was im Universum existiert, entweder schon immer da gewesen, ist von selbst entstanden oder wurde von jemandem außerhalb des Universums hineingelegt."

Hannah bekommt einen Gesichtsausdruck, als ob sie gerade eine gute Idee gehabt hätte. „Etwas *außerhalb* des Universums, das nicht aus Raum, Zeit oder Materie besteht? Meinen Sie damit *Gott*?"

Spurensicherung

Die Bibel erklärt, dass Gott die Ursache des Universums ist und dass er es aus dem Nichts erschaffen hat. Lies 1. Mose 1,1! „Im Anfang schuf Gott den Himmel und die Erde."

Jeffries schmunzelt. „Sehen wir uns erst die Beweise an, bevor wir eine Entscheidung treffen." Er deutet wieder auf seine Zeichnung. „Das erste Beweisstück in Jasons Rätsel war eindeutig der Schuhkarton. Wie ist er überhaupt auf den Dachboden gekommen?"

„Mein Großvater hat ihn dort hingestellt, wenn man den Beweisen glauben darf", antwortet Jason.

„Gut", sagt Jeffries. „Weiß jemand, woher das Universum kommt? War es schon immer da?"

„Das glaube ich nicht“, sagt Hannah. „Meine ältere Schwester Cameron ist in der Highschool, und ihre Lehrerin sagte, das Universum sei plötzlich einfach so entstanden. Das nennt man den ‚Urknall'. Cameron hat das in Bio gelernt.“

„Wie auf Jasons Dachboden“, grinst Daniel. „Da gab es ja auch einen lauten Knall.“

Alle Schüler lachen. „Ha!“, sagt Jeffries. „Nur wurde der Knall auf dem Dachboden ja von irgendetwas verursacht, ob nun von der Katze oder von etwas anderem, nicht wahr? Was das Universum angeht, so scheinen die Wissenschaftler zu glauben, dass es einen Urknall gab, das stimmt. Aber was noch viel interessanter ist ...“ Jeffries beugt sich näher zu den Schülern und senkt die Stimme. Die Schüler hören gespannt zu.

„Dieselben Wissenschaftler glauben, dass alles im Universum – der gesamte Weltraum, die Zeit und die Materie – aus dem *Nichts* entstanden ist."

„Alles im Universum entstand aus *leerem Weltraum?*", fragt Jason.

„Nein", antwortet Jeffries. „Der Weltraum ist nicht *nichts,* er ist *etwas.* Wissenschaftler glauben, dass es, bevor das Universum existierte, nicht einmal den *Weltraum* gab. Keinen Weltraum, keine Zeit und keine Materie."

Alle sitzen einen Moment lang da und grübeln über das, was Detective Jeffries gerade gesagt hat.

Jason bricht das Schweigen. „Das ist irgendwie schwer zu glauben ... Ich meine die Vorstellung, dass da *nichts* war."

Hannah hat wieder diesen Ausdruck auf dem Gesicht, als würde sie angestrengt nachdenken. „Wartet mal kurz! Wenn also vor dem Universum nichts existiert hat ... ich meine: wirklich nichts ... was hat dann die Erschaffung des Universums verursacht? Wie ist es entstanden?"

Ein Werkzeug für deine Aktentasche

Immer der Reihe nach

Wenn du einen Fall untersuchst, solltest du einen Schritt nach dem anderen tun. Sichere zuerst die Spuren und finde dann heraus, wie sie an den Tatort gekommen sind! Überstürze nichts und sei geduldig!

Jeffries lächelt. „Das ist eine wirklich gute Frage. Der Schuhkarton kann sich nicht selbst erschaffen, und auch das Universum kann sich nicht selbst erschaffen haben. Alles, was einen Anfang hat, muss durch etwas anderes verursacht worden sein. Die Ursache des Schuhkartons lag nicht im Schuhkarton, und die Ursache des Universums ist auch nicht im Universum zu finden."

„Was gibt es außerhalb des Universums, das es ins Leben rufen könnte?", fragt Daniel.

„Nun, je mehr Beweise wir untersuchen, desto bessere Antworten erhalten wir", sagt Jeffries. „Wir wissen zum Beispiel ein paar Dinge über den Schuhkarton. Er war nicht schon immer auf dem Dachboden, und die Gegenstände im Karton sind nicht von selbst hineingekommen. Die beste Erklärung für die Gegenstände *im* Karton ist jemand *außerhalb* des Kartons. Und schließlich ist Jasons Großvater aufgrund der Beweise im Karton die vernünftigste Erklärung. Ist das bis jetzt nachvollziehbar, Jason?"

„Ja, Sir", antwortet Jason.

„Wenden wir uns nun unserer Untersuchung des Universums zu", sagt Jeffries, während er seine Zeichnung vervollständigt.

„Bis jetzt haben wir nur über eine Tatsache gesprochen: Wir leben in einem Universum, das einen Anfang hat. Und auch wenn wir noch nicht viele Beweise haben, können wir schon über ein *Täterprofil* nachdenken. Wir können uns ein Bild davon machen, wie die Ursache des Universums angesichts der von uns gesammelten Fakten beschrieben werden könnte."

„Folgendes wissen wir bis jetzt über unseren ‚Verdächtigen'. Erstens: Er ist die Ursache für die Entstehung des Universums. Zweitens besteht er nicht aus Raum, Zeit oder Materie. Und drittens ist er mächtig genug, um alles, was es im Universum gibt, aus dem Nichts zu erschaffen."

Detective Jeffries wendet sich wieder an die Schüler.

„Sieht so aus, als hätten wir wieder zwei Rätsel zu lösen", erklärt er.

„Das Rätsel um einen Schuhkarton und um das Universum!", rufst du.

„Ich will wirklich gerne wissen, warum Opa das Zeug in den Schuhkarton gelegt hat und was er mir mit seinem Brief mitteilen wollte", sagt Jason.

„Oh, wir werden diese Fragen schon beantworten, Jason. Mach dir keine Sorgen! Aber denk daran, Ungeduld ist keine gute kriminalistische Fähigkeit!"

Die Schüler lachen, als die Sitzung endet und alle den Besprechungsraum verlassen.

„Kommt mit ins forensische Labor!"

Wer ist verantwortlich?

„Kommt mit ins forensische Labor!", befiehlt Detective Jeffries, bevor ihr euch bei der nächsten Sitzung der Jugend-Polizeischulung auf eure Plätze begeben könnt. Die Schüler sind offensichtlich begeistert davon, endlich den Ort besuchen zu dürfen, an dem Wissenschaft und polizeiliche Ermittlungen aufeinandertreffen.

Ihr geht eine Treppe hinunter in das untere Stockwerk der Polizeidienststelle. Im ersten Raum des Labors sitzen viele Forensiker an ihren Schreibtischen und prüfen Bilder und Dateien auf großen Computerbildschirmen. Dieser Raum ist durch eine lange Glasfront vom nächsten getrennt. Durch das Glas kann man weitere Fachleute sehen, die im angrenzenden Raum arbeiten und auf Tischen liegende Beweismittel untersuchen.

„Stellt euch im Kreis auf!", sagt Jeffries und führt die Schüler in einen Untersuchungsraum. Dieser Raum ist kleiner. An einem Ende des Raums befinden sich ein Whiteboard und ein paar Stühle. In der Mitte steht ein Tisch, der mit einem großen weißen Papier bedeckt ist. Die Tüte mit dem Schuhkarton steht in der Mitte der Papierfläche. Jeffries zieht sich eine hellblaue Schürze und Gummihandschuhe an und bedeckt seine Haare mit einer Haube. „Schauen wir uns den Schuhkarton einmal genauer an. Was fällt euch auf?"

Alle Schüler beugen sich vor, um die Schachtel zu begutachten. „Er sieht abgenutzt aus", sagt einer der Schüler. „Oder sagt man eher *verfallen?*"

„Was noch?“, ermutigt Jeffries.

„Die winzigen Löcher“, sagt Daniel. „An der Ecke, sehen Sie? Die sind auffällig; das sieht so aus, als ob etwas die Ränder angeknabbert hat.“

„Gut beobachtet. Fällt dir noch etwas auf?“, fragt Jeffries.

Hannah sagt: „Die Gegenstände in der Schachtel scheinen nicht abgenutzt oder beschädigt zu sein. Schaut euch den Brief und die Zeichnung an! Außerdem kann man von Glück sagen, dass die Löcher an den Kanten des Kartons so klein waren, dass der Inhalt, wie zum Beispiel der Ring, nicht herausfallen konnte.“

„Und dass das, was diese Löcher verursacht hat, nicht hineingelangt ist“, sagt Jason.

„Ich denke, Hannahs Beobachtung über die *Größe* der Löcher ist wichtig“, bemerkt Jeffries. „War es nur *Glück*, dass diese Löcher nicht größer waren? Was denkt ihr, wie wurden sie überhaupt verursacht?“

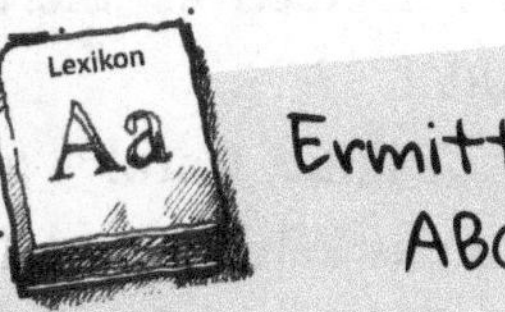

Plausible Schlussfolgerung:
Nicht alles, was theoretisch möglich ist, ist auch plausibel. Ermittler suchen nach der sinnvollsten Erklärung (auch Schlussfolgerung genannt). Die vernünftigste Erklärung für die Löcher im Schuhkarton ist zum Beispiel, dass sie von den Mäusen auf dem Dachboden verursacht wurden.

„Das weiß ich“, sagt Jason und tritt näher an den Tisch. „Wir hatten in der Vergangenheit Probleme mit Mäusen. Deshalb haben wir Simba angeschafft, aber selbst er konnte nicht mit ihnen mithalten. Ich wette, diese Löcher wurden von Mäusen verursacht, die das Zeug auf dem Speicher angenagt haben.“

„Ich habe da oben Mausefallen gesehen", fällt dir ein.

In diesem Moment klopft eine Forensikerin an die Tür des Untersuchungsraums. „Hier sind die Fotos, die Sie bestellt haben, Detective." Sie überreicht Jeffries mehrere ausgedruckte Bilder.

„Danke, Carol – genau zur rechten Zeit." Jeffries stellt sich vor das Whiteboard. Mit kleinen runden Magneten befestigt er die Fotos auf der Tafel. Es sind die Aufnahmen des Dachbodens, die Jeffries bei der Besichtigung des Tatorts erstellt hat.

„Ja, hier sieht man die Mausefallen auf dem Boden des Speichers", sagt Jeffries und deutet auf eines der Fotos.

Jason meint: „Es hat also nichts mit ‚Glück' zu tun, dass die Löcher in der Schachtel nicht größer wurden. Sie blieben klein, weil meine Oma unseren Simba besorgt und außerdem diese Fallen auf dem Dachboden aufgestellt hat."

„Guter Hinweis", antwortet Jeffries. „In vielerlei Hinsicht hat deine Großmutter die Umgebung des Hauses und des Dachbodens kontrolliert, um sicherzustellen, dass das Inventar keinen größeren Schaden erleidet. Man könnte sagen, dass sie bei dir zu Hause für eine gute ‚Feinabstimmung' gesorgt hat, Jason."

„Was meinen Sie mit ‚Feinabstimmung'?", fragst du.

„Nun, mir fallen mehrere Möglichkeiten ein, wie der Schuhkarton hätte vollständig von Nagetieren zerstört werden können." Detective Jeffries beginnt, etwas auf die Tafel zu zeichnen. „Nehmen wir zum Beispiel an, dass Jasons Großeltern beschlossen hätten, ein Haus auf dem Land zu kaufen statt eines hier in der Stadt. Auf dem Land, wo alles etwas naturbelassener ist, wäre die Gefahr von Mäuse- und Nagetierschäden viel größer gewesen. Selbst wenn man einmal auf ganz *grundsätzlicher* Ebene überlegt, welche Auswirkungen der *Standort* von Jasons Haus auf den Fall hat, erkennt man sofort, dass es kein Zufall ist, dass es dort weniger zerstörungswütige Viecher gibt.

Hinzu kommt, dass Jasons Oma sich eine Katze zugelegt hat, um die Mäuseplage einzudämmen. Wenn man überlegt, welche Rolle die *regionalen* Gegebenheiten in Jasons Haus spielen, ist es also auch kein Zufall, dass es dort weniger Probleme mit Nagetieren gibt."

„Simba *ist* ein ziemlich guter Jäger", sagt Jason.

„Damit sich *wirklich keine* Nagetiere auf dem Dachboden einnisten, hat Jasons Oma Mausefallen aufgestellt“, sagt Jeffries und zeigt auf die Zeichnung. „Sie hat also auf *lokaler* Ebene eingegriffen.“

„Und deshalb haben die Sachen in dem Schuhkarton überlebt“, sagt Daniel.

„Das ist richtig. Es war kein Zufall. Wenn wir diese Art der Intervention, diese Art der ‚Feinabstimmung‘, auf allen drei Ebenen sehen, ist es plausibel, dass jemand absichtlich gehandelt hat, um sicherzustellen, dass die Gegenstände auf dem Dachboden keinen Schaden nehmen.“

Jeffries legt seinen Stift nieder. „Jetzt, wo ihr etwas über die ‚Feinabstimmung‘ und die drei Ebenen der Beweissammlung gelernt habt, lasst uns zurück in den Besprechungsraum gehen und das Ganze auf das Universum anwenden.“

„Erinnert ihr euch an die Zeichnung, die ich gerade von Jasons Haus angefertigt habe?", fragt Jeffries, als die Schüler ihre Plätze im Besprechungsraum eingenommen haben. „Lasst uns eine ähnliche Skizze für das gesamte Universum anfertigen!" Er zeichnet wieder etwas auf das Whiteboard.

„So wie wir in Jasons Haus Beweise für eine Feinabstimmung gefunden haben – auf der *grundsätzlichen*, der *regionalen* und der *lokalen* Ebene –, finden wir im Universum ähnliche Ebenen der Feinabstimmung."

Die Schüler versuchen, Jeffries' Zeichnung auf ihre Notizblöcke abzumalen.

„Die *grundsätzlichen* Bedingungen des Universums zeichnen sich durch eine unfassbare Feinabstimmung aus." Detective Jeffries dreht sich zu den Schülern um, hält seinen Stift hoch und lässt ihn dann auf den Boden fallen. Du kennst dieses Beispiel von deinem ersten Kurs an der Jugend-Polizeischule, aber viele der anderen Schüler im Raum sehen es das erste Mal.

„Habt ihr gesehen, wie schnell der Stift zu Boden gefallen ist?", fragt Jeffries. „Warum nicht schneller oder langsamer? Warum ist er überhaupt auf den Boden gefallen?"

„Das war die Schwerkraft", sagt einer der Schüler.

„Richtig, aber hast du je darüber nachgedacht, dass die Schwerkraft *genau so* sein muss – nicht zu stark und nicht zu schwach –, damit unser Universum existieren kann?"

„Sie meinen, wie in der Geschichte von Goldlöckchen und den drei Bären, wo jeder Bär eine genau zu ihm passende

Schüssel Brei hat?", fragst du. „Die Schwerkraft muss *genau richtig* sein?" Ein paar der Schüler kichern.

„Das ist genau das, was ich meine. Und es ist nicht nur die Schwerkraft. Auch alle anderen Kräfte im Universum und sogar die Kräfte im Atom müssen perfekt aufeinander abgestimmt sein, sonst gäbe es unser Universum nicht und schon gar kein Leben im Weltall."

„Und was wäre, wenn diese Kräfte nur ein bisschen stärker oder ein bisschen schwächer wären? Dann würden wir uns doch anpassen, oder?", fragt Jason.

Jeffries schüttelt den Kopf. „Nein, im Gegenteil. Wissenschaftler haben herausgefunden, dass der kleinste Unterschied in einer der Grundkräfte des Universums *jegliches Leben* verhindern würde.

Und das ist noch nicht alles", fügt Jeffries hinzu, während er sich wieder der Tafel zuwendet. „Auf der regionalen Ebene der Galaxien und Sternensysteme gibt es sogar noch *mehr* Beweise für eine Feinabstimmung."

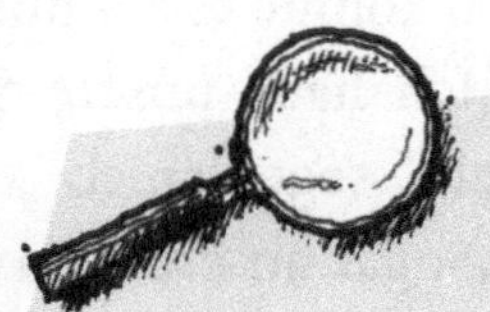

Spurensicherung

Die Bibel bestätigt, dass Gott beim Universum eine Feinabstimmung vorgenommen hat, damit Leben existieren kann.

Lies, was König David in Psalm 19,2 schrieb: „Der Himmel rühmt die Herrlichkeit Gottes, und die Wölbung bezeugt des Schöpfers Hand." Warum möchte Gott wohl, dass es im Universum Leben gibt?

„Sternensysteme? Sie meinen, so wie unser *Sonnensystem?*", fragst du.

„Ja. Unsere Sonne und die anderen Planeten in unserem Sonnensystem wurden perfekt aufeinander abgestimmt, damit hier auf der Erde Leben existieren kann. Die Position, die Form, das Alter und die Masse unserer Sonne sind *genau richtig*, so wie Goldlöckchens Brei. Wenn unsere Sonne anders beschaffen wäre, könnte es auf unserem Planeten kein Leben geben."

„Ich habe unsere Sonne nie mit *Brei* in Verbindung gebracht", sagt Daniel.

„Sogar unsere Galaxie ist wie Goldlöckchens Brei", fügt Jeffries hinzu.

„Sie meinen die Milchstraße?", fragt Hannah.

„Ja, sogar die Milchstraße ist perfekt auf die Existenz von Leben abgestimmt", sagt Jeffries, während er die Form unserer Galaxie an die Tafel zeichnet. „Nur etwa fünf Prozent der Galaxien im Universum haben Spiralarme wie unsere. Wäre unser Universum anders geformt oder größer, als es ist, würde die Strahlung aus seinem Kern das Leben unmöglich machen."

„Unsere Galaxie braucht also etwas ‚Milch', um sich abzukühlen", scherzt Daniel. Alle lachen.

„Das jetzt auch wieder nicht", sagt Detective Jeffries, „aber ihr habt das Prinzip verstanden. Eine Sache noch ..." Jeffries ergänzt seine Zeichnung. „Auf der ‚lokalen' Ebene unseres Heimatplaneten, also auf der Erde, sieht man auch eine Feinabstimmung. Erst dadurch wird das Leben möglich.

Unser Planet hat genau die richtige Art von Sonne, Atmosphäre, Erdoberfläche und sogar genau den richtigen *Mond*, damit wir hier leben können. Genau wie bei Jasons Haus und den von uns beobachteten drei Ebenen der Feinabstimmung gibt es drei Ebenen der Feinabstimmung im Universum."

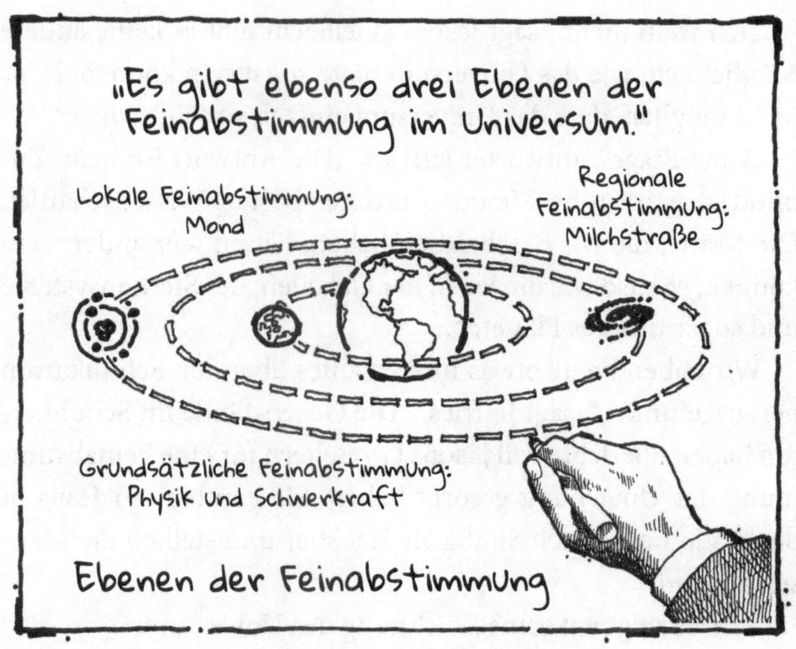

Jeffries wendet sich mit ernstem Gesichtsausdruck von der Tafel zu den Schülern. „Denkt jetzt darüber nach, was wir in unserer ersten Sitzung untersucht haben!", fordert er sie auf.

Daniel hebt die Hand und sagt: „Ich erinnere mich, dass wir herausgefunden haben, dass das Universum nicht durch eine interne Ursache erschaffen worden sein kann. Es kam aus dem ‚Nichts', also muss es von etwas außerhalb von Raum, Zeit und Materie verursacht worden sein."

„Richtig. Schauen wir uns jetzt die drei Ebenen der Feinabstimmung an, die wir entdeckt haben. Könnte etwas *innerhalb* des Universums dafür gesorgt haben, dass alles *genau richtig* ist?"

„Ich weiß nicht", sagt Jason. „Vielleicht gibt es keine andere Möglichkeit, wie das Universum hätte sonst sein können. Ist es nicht möglich, dass das Universum einfach so sein *musste?*"

„Gute Frage", antwortet Jeffries. „Die Antwort ist: *nein.* Zumindest ist das die Meinung unserer besten Wissenschaftler. Die Kräfte, die wir beschrieben haben, hätten *sehr* anders sein können, ebenso wie die Form der Galaxien, der Sternensysteme und sogar unseres Planeten.

Wir haben heute etwas Interessantes über den Schuhkarton herausgefunden", sagt Jeffries. „Die Gegenstände im Schuhkarton haben überlebt, weil Jasons Großeltern für eine Feinabstimmung der Umgebung gesorgt haben. Sie kauften ein Haus in der Stadt, holten sich Simba als Haustier und stellten die Mausefallen auf."

Jeffries zeigt auf seine Zeichnung des Universums:

„Bei unserem Universum scheint es ähnlich zu sein. Wenn die Kräfte im Universum nicht genau richtig wären, wenn unsere Galaxien und Sternensysteme nicht genau richtig wären und wenn es auf der Erde nicht die richtige Feinabstimmung gäbe, dann hätte das Leben im Universum nicht entstehen und überdauern können." Detective Jeffries ergänzt die Zeichnung um dieses Beweisstück.

Ein Werkzeug für deine Aktentasche

Suche nach unterschiedlichen Ebenen!

Wenn du Spuren sicherst, um ein Rätsel zu lösen, ordne deine Spuren nach verschiedenen Ebenen (wenn möglich)! Je mehr Ebenen du findest, desto besser sind deine Schlussfolgerungen.

Die Schüler denken einen Moment lang darüber nach. Hannah sagt leise: „Wenn die Feinabstimmung, die wir in Jasons Haus gesehen haben, ein Beweis für Oma Miri als Feinabstimmerin ist, bedeutet das, dass die offensichtliche Feinabstimmung des Universums ein Beweis für eine Art mächtigen Feinabstimmer ist? Es scheint mir, als ob jemand das Ganze steuern würde, sonst wäre keiner von uns hier."

Alle sind einen Moment lang still.

Dann sagt Jeffries: „Ich glaube, wir können zu unserem Täterprofil aus der letzten Sitzung etwas hinzufügen." Er erinnert die Schüler an das Profil, das er letzte Woche erstellt hat. „Was auch immer das Universum verursacht hat, hat mit einem *Ziel* im Hinterkopf für Feinabstimmung gesorgt – die Existenz von Leben."

„Ein *Ziel*?“, fragt ihr.

„Ja, unser Universum scheint wirklich so eine Feinabstimmung aufzuweisen, damit Leben wie unseres existieren kann.“ Jeffries legt seinen Stift nieder.

Die Schüler denken schweigend über alles nach, was sie gelernt haben.

„Nächstes Mal sehen wir uns den Inhalt des Schuhkartons genauer an, um herauszufinden, warum Jasons Opa den Brief geschrieben hat“, sagt Jeffries.

„Endlich!“, platzt Daniel ungeduldig heraus.

Alle lachen, und damit ist die heutige Sitzung zu Ende.

„Ist jemandem aufgefallen, dass zwei der Gegenstände in diesem Karton Informationen enthalten?"

Erfordert der Text einen Autor?

Detective Jeffries steht vorne im Besprechungsraum und öffnet die Tüte mit den Beweismitteln, in der sich der Schuhkarton befindet. Er hat einen der Tische mit weißem Papier abgedeckt und trägt seine Handschuhe und die blaue Schürze.

„Stellt euch bitte alle um das Beweisstück herum!“, sagt er und nimmt Gegenstände aus dem Karton.

Jeffries hebt die Zeichnung eines Jungen auf, der neben einem Baum steht, und fragt: „Ist jemandem aufgefallen, dass zwei der Gegenstände in diesem Karton *Informationen* enthalten?“

Jason hebt die Hand. „Der Brief von meinem Großvater wurde an mich *geschrieben* ...“, sagt er.

„Ja, und diese Zeichnung enthält *ebenfalls* Informationen", fügt Jeffries hinzu. „Die anderen Gegenstände können auf ihre Bedeutung hin untersucht werden, aber diese beiden Objekte, der Brief und die Zeichnung, sind ein offensichtlicher Versuch von jemandem, uns etwas *mitzuteilen.*"

„Daran habe ich bei einer Zeichnung noch nie gedacht", sagt einer der Schüler.

„Künstler kommunizieren, genau wie Autoren", sagt Detective Jeffries, während er die Zeichnung mit Magneten an der Tafel befestigt, damit alle sie sehen können. „Versuchen wir herauszufinden, was uns der Künstler sagen will."

Alle betrachten die Zeichnung. Ein Junge mit schwarzen Haaren steht unter einem seltsamen Baum mit zierlichen roten Blättern.

Jason wirkt sehr konzentriert. „Ich wette, das soll der Baum in meinem Garten sein!" Die anderen Schüler beugen sich noch weiter vor. „Es gibt so einen Baum in unserem Garten, und der ist der einzige mit roten Blättern."

Jemand fragt: „Bist *du* also der Junge auf der Zeichnung, Jason?" Die Schüler blicken aufmerksam von der Zeichnung zu Jason und wieder zurück. Jason ist etwas unsicher, räumt aber schließlich ein: „Vielleicht ..."

„Nehmt eure Schreibblöcke!", fordert Detective Jeffries sie auf. „Ich glaube, es ist Zeit für einen weiteren Außeneinsatz."

Die Schüler machen sich auf den kurzen Weg zu Jasons Haus. Sie unterhalten sich lautstark miteinander und rätseln über die Bedeutung der Zeichnung. Dann versammeln sie sich an Oma Miris Gartentor.

„So schnell wieder da?", fragt Jasons Oma, als sie das Tor öffnet. Sie lächelt wieder von einem Ohr zum anderen. „Ich habe euch schon von Weitem kommen hören!"

Spurensicherung

Gott möchte, dass du gute Fragen stellst, damit du sicher sein kannst, dass er existiert und die Bibel wahr ist.

Lies Jakobus 1,5: „Wenn jemand von euch nicht weiß, wie er das tun soll, dann darf er Gott um diese Weisheit bitten. Er wird sie ihm ohne Weiteres geben und ihm deshalb keine Vorwürfe machen, denn er gibt allen gern."

Redest du mit Gott und stellst ihm deine Fragen?

Jason erklärt seiner Großmutter, warum sie hier sind, und sie bittet die Schüler in ihren Garten. Alle stellen sich um den Baum mit den zierlichen roten Blättern herum.

Er ist sehr groß und steht inmitten eines herrlichen Blumenbeets.

„Er sieht definitiv aus wie der Baum auf der Zeichnung", sagst du, als Detective Jeffries sich zu der Gruppe gesellt.

„Ja, das stimmt", stimmt er dir zu. „Das ist eine gute Gelegenheit, um eine weitere kriminalistische Fähigkeit zu entwickeln."

Alle stellen sich um den Baum mit den zierlichen roten Blättern herum.

Die Schüler holen ihre Schreibblöcke heraus und machen sich Notizen.

„Bei jeder Untersuchung geht es um die Beantwortung von Schlüsselfragen", beginnt Jeffries, „und einige Fragen sind wichtiger als andere. Ermittler konzentrieren sich auf die ‚sieben Ws'."

Die Schüler machen ein Gesicht, als wüssten sie nicht genau, was er meint.

„Bei jeder Untersuchung", fährt er fort, „müssen wir folgende Fragen stellen: *Wer, Was, Wo, Wann, Wie, Womit* und *Warum*. Auch wenn in unserem Fall das *Womit* wohl nicht so wichtig ist."

„Mein Englischlehrer lässt uns diese Fragen auch in unseren Aufsätzen beantworten", bemerkt einer der Schüler.

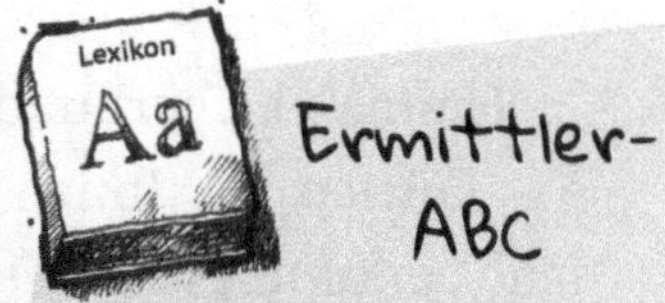

Zeugenbefragungen

Ermittler führen Befragungen mit Zeugen durch, um an Informationen zu gelangen. Mithilfe dieser Informationen versuchen sie herauszufinden, was wirklich passiert ist.

Gute Ermittler sind neugierig; und wenn sie Zeugen befragen, stellen sie aufgrund ihrer Neugier ganz bestimmte Fragen.

Wenn du viel von einem Zeugen erfahren möchtest, fang mit den richtigen Fragen an! Sei konkret und sorgfältig!

„Euer Lehrer wäre ein guter Ermittler", sagt Jeffries. Als die Schüler es sich im Gras rund um den Baum gemütlich machen, taucht Simba von der Seite des Hauses auf und kommt zu ihnen. Der Kater springt sofort auf Hannahs Schoß und schiebt sein Gesicht unter ihr Kinn.

„Lasst euch nicht von Simba stören!", sagt Oma Miri. „Er liebt Besuch und lässt sich gerne streicheln. Und er scheut sich nicht davor, um Streicheleinheiten zu betteln!"

Hannah kichert und beginnt, Simbas Kopf zu kraulen.

„Dürfen wir Ihnen ein paar Fragen zu diesem Baum stellen?", erkundigt sich Detective Jeffries. Sie nickt zustimmend.

Bevor Jeffries beginnen kann, hören die Schüler Geräusche im Nachbargarten. Sie blicken zum Gartenzaun und sehen ein neugieriges Gesicht, das über die Bretter lugt.

„Hallo, Jasmin", sagt Jason. „Darf ich vorstellen: Jasmin, meine Nachbarin. Komm rüber und wir erklären dir, was hier los ist!"

Zur allgemeinen Überraschung springt Jasmin *über* den Zaun und gesellt sich zu ihnen. Jason erklärt ihr, welches Rätsel sie lösen wollen. Als er fertig ist, beginnt Jeffries mit seiner ersten Frage.

„Ich möchte mit der *Was-Frage* beginnen", sagt er. „Was ist das für ein Baum?"

„Das ist ein Fächerahorn, und die Zuchtsorte nennt man *Bloodgood*, also *gutes Blut*“, antwortet Oma Miri, während sie über den Stamm des großen Baumes streicht und hoch in die Baumkrone blickt.

„Das klingt wie ein Baum, den ein Ermittler untersuchen sollte“, sagt Daniel in der Hoffnung, die anderen Schüler zum Lachen zu bringen.

„Vielleicht“, antwortet Oma Miri, „aber der Name hat eher etwas mit der Farbe der Blätter zu tun.“ Alle sehen hinauf zu dem roten Blätterdach über ihnen.

„Ist das ein Nest?“, fragt einer der Schüler und zeigt auf eine Ansammlung von Zweigen auf einem der unteren Äste.

Bevor jemand antworten kann, springt Jasmin auf und klettert auf den Baum. „Ich gucke mal nach!“ Innerhalb von Sekunden meldet sie: „Es sieht verlassen aus. Kann ich es behalten?“ Oma Miri lächelt und nickt. Jasmin klettert hinunter und stolpert beinahe über etwas, das im Blumenbeet am Fuße des Baumes steckt. Sie stolpert, errötet kurz und setzt sich dann wieder zu den anderen Schülern, das leere Nest in der Hand.

„Jetzt habe ich eine *Wo-Frage* an euch“, sagt Jeffries und macht mit seinem Vortrag weiter. „Ich habe noch nie solch einen Baum gesehen, und ich habe mein ganzes Leben in dieser Gegend verbracht. Woher kommt er?“

„Aus Japan", antwortet Großmutter Miri. Viele der Schüler sind von ihrer Antwort überrascht.

„Aus Japan?", fragt Jeffries. „Wow, ich sollte wohl besser eine *Wie-Frage* stellen. Wie ist dieser Baum aus Japan hierhergekommen?"

„Die Familie meines Mannes hatte in Japan eine Gärtnerei. Sie züchteten viele Arten von Pflanzen und Bäumen, darunter auch japanische Ahornbäume. Dieser *Bloodgood*-Baum ist einer von vielen Sorten von Ahornbäumen, die sie gezüchtet haben. Rens Vater hat uns Samen geschickt, damit wir ihn hier in Amerika anbauen können."

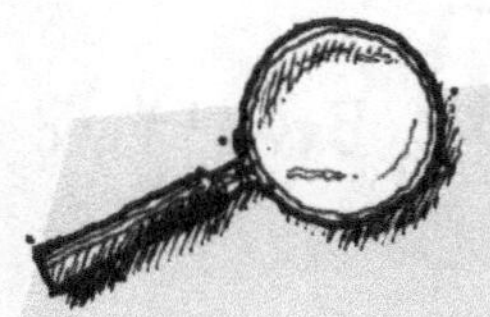

Spurensicherung

Jesus war ein guter Ermittler; selbst in jungen Jahren hat er schon gute Fragen gestellt.

Lies Lukas 2,41-46: „Nach drei Tagen endlich entdeckten sie ihn im Tempel. Er saß mitten unter den Gesetzeslehrern, hörte ihnen zu und stellte ihnen Fragen."

Jeffries überlegt kurz. „Hm. Ich habe die *Was-, Wo- und Wie-Fragen* gestellt; darf ich jetzt die *Warum-Frage* stellen? Warum wollten Sie diese Baumsorte im Garten haben?"

Großmutter Miri lächelt und sieht Jason liebevoll an. „Ren hat diesen besonderen Baum zum Gedenken an die Geburt von Jason gepflanzt. Er ist nämlich unser erstes Enkelkind. Ren wollte, dass Jason mit einem Baum aufwächst, der in seiner Familie eine große Bedeutung hat."

Detective Jeffries sagt: „Wir haben vier unserer sieben Ermittlungsfragen gestellt. Und dabei haben wir Antworten erhalten, die wir nicht erwartet hätten und die sich darauf beziehen, *wann* und *warum* der Baum gepflanzt wurde. Zum

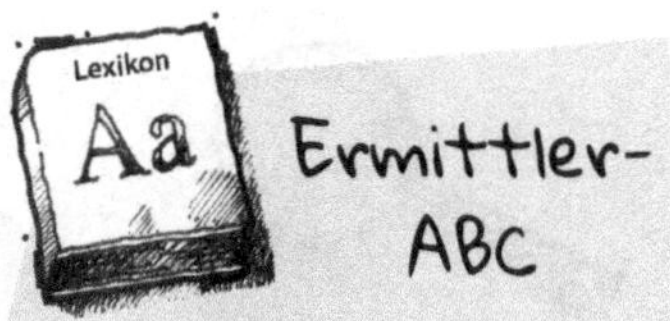

Die richtigen Fragen: Das Ziel der Ermittlungen ist die Antwort auf die Frage nach dem Wer.

Mithilfe der sieben kriminalistischen W-Fragen erfährst du viel über das Geschehen: Wer hat was wo wann getan, wie, womit, warum? Aber nur die Wer-Frage führt dich zu demjenigen, der die Tat begangen hat.

Beispiel: *Wann* wurde dieser Baum im Garten gepflanzt?"

„Zur Feier von Jasons Geburt", antwortest du.

„Das ist richtig. Und wer hat den Baum gepflanzt?"

„Sein Opa", sagt Jasmin. Sie hält immer noch das Nest in den Händen und tut ihr Bestes, um Simba abzuwehren, der sich sehr für ihren Fund interessiert.

„Ach, ihr hättet hier sein und sehen sollen, wie vorsichtig mein Ren war, als er diesen Baum gepflanzt hat", sagt Oma Miri und verscheucht Simba von Jasmins Schoß.

„Was meinen Sie damit?", fragt Jeffries.

„Ren bekam die Samen per Post von seinem Vater zugeschickt. In dem Paket lagen außerdem sehr genaue Anweisungen, wie wir sie einpflanzen und pflegen sollten, um einen Ahornspr*össling* zu bekommen. Die Pflanze musste *genau richtig* gedüngt werden, und der junge Baum musste auf eine ganz bestimmte Weise aus dem Topf in den Boden umgesetzt werden. Ren befolgte die Anweisungen seines Vaters *bis ins kleinste Detail*, um sicherzustellen, dass der Baum gut gedeihen würde." Großmutter Miri blickt auf die breiten Äste und die zarten Blätter. „Und seht ihn euch jetzt an ..."

Jeffries dankt Jasons Oma und geht mit den Schülern zurück zum Polizeipräsidium. „Ihr habt es vielleicht nicht gemerkt, aber ihr habt gerade etwas Wichtiges gelernt, das wir bei unserer Ermittlungsarbeit zum Universum anwenden können."

„Wir haben zwei wichtige Eigenschaften des Universums untersucht", nimmt Jeffries seinen Faden wieder auf, als alle Schüler zurück im Besprechungsraum sind. „Wer kann sich daran erinnern, was wir bisher untersucht haben?"

„Das Universum hat einen Anfang ... Und es verfügt über eine Feinabstimmung, die überhaupt erst Leben ermöglicht", sagst du.

„Genau", sagt Jeffries. „Jetzt möchte ich einen dritten Beweis vorlegen: Das Leben in unserem Universum ist aus Nicht-Leben entstanden." Jeffries verändert eine seiner früheren Zeichnungen, um diesen Sachverhalt zu verdeutlichen.

„Leben aus Nicht-Leben?", fragt Jason.

„Ja, alle Lebewesen in unserem Universum, alles auf unserem Planeten – von Bakterien über einfache zelluläre Organismen bis hin zu Pflanzen wie Jasons Ahornbaum, von Tieren wie Simba bis hin zu uns Menschen in diesem Zimmer –, alle diese Lebewesen sind aus *unbelebter Materie* entstanden. Denkt mal kurz darüber nach!"

Jason fragt: „Wissen die Wissenschaftler, wie das passiert ist?"

„Nein", sagt Jeffries. „Sie haben viele Erklärungen ausprobiert, aber keine bietet eine echte Antwort auf diese Frage." Detective Jeffries schreibt die sieben Fragen auf das Whiteboard. „Jedes Mal, wenn sie eine dieser wichtigen Ermittlungs-Fragen stellen, erhalten sie keine befriedigende Antwort. Tatsächlich führen einige dieser Fragen nur zu weiteren, noch schwierigeren Fragen."

Jeffries setzt seinen Stift an die Tafel an. „In Bezug auf die *Was-Frage* fangen die Wissenschaftler erst jetzt an zu verstehen, dass lebende Organismen *sehr* komplex sind. Das Leben ist eben nicht einfach, und es hat nicht so ohne Weiteres im Universum begonnen." Jeffries streicht die *Was-Frage* an der Tafel durch.

„Der Bio-Lehrer meiner Schwester sagt, dass das Leben im Ozean begonnen hat", meint Daniel.

„Das bringt uns zur *Wo-Frage*", ergänzt Jeffries und dreht sich wieder zur Tafel. „Wissenschaftler haben verschiedene Orte untersucht, um herauszufinden, wo all die richtigen Zutaten für die Entstehung von Leben zusammenkommen. Aber egal, wo sie auch suchen, sie finden keinen Ort, an dem die richtigen Lebens-Zutaten auf die richtige Weise zusammenkommen." Er streicht die *Wo-Frage* durch.

„Es klingt nicht so, als hätten wir viele Antworten", sagt Hannah leise.

„Du hast recht, Hannah. Wenn es um die Fragen nach dem *Was*, *Wo*, *Wann* und *Warum* geht, haben Wissenschaftler keine guten Antworten, und über die wenigen Antworten, die sie überhaupt gefunden haben, sind sie sich oft nicht einig."

„Gibt es denn Fragen, die die Wissenschaftler beantworten können?", fragt Jason.

Jeffries lächelt und beginnt, etwas auf die Tafel zu zeichnen. „Ja, wir haben sogar etwas über das Leben gelernt, das wirklich interessant ist. Wir haben etwas entdeckt, das man *DNA* nennt."

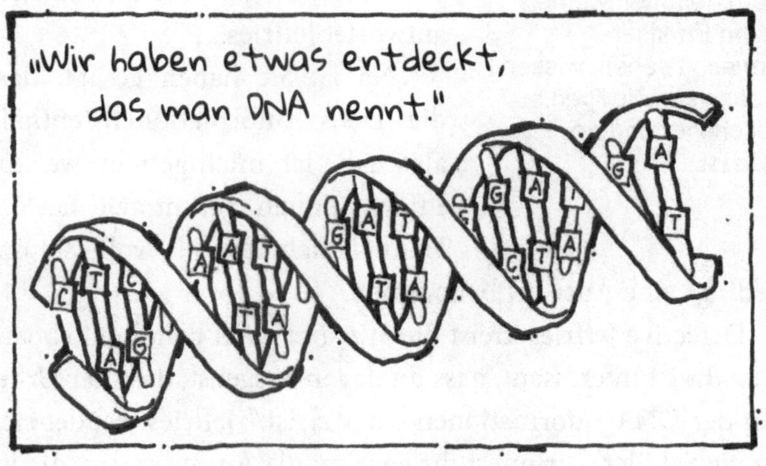

„In deinem Körper gibt es DNA-Moleküle, die alle Informationen über dich enthalten. Ob es um deine Augenfarbe geht oder darum, wie sich dein Körper selbst heilt, wenn er krank wird. Deine DNA enthält alle Informationen, die du brauchst,

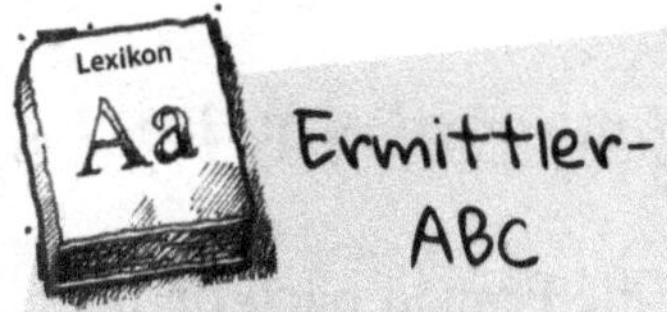

Information:

Wissen, das so weitergegeben wird, dass es von den Empfängern verstanden werden kann.

Damit es Information gibt, braucht es eine intelligente Quelle, denn es muss eine intelligente Auswahl zwischen Wörtern, Buchstaben oder Bildern getroffen werden.

Wenn Ermittler Information sehen, wissen sie, dass ein intelligenter Verdächtiger dort gewesen ist.

um so zu sein, wie du bist. In deiner DNA gibt es genug Informationen, um ein Buch mit über einer Million Seiten zu füllen."

„Boah", sagt Daniel und guckt auf seinen Bauch. „Das *alles* ist *hier* irgendwo drin?"

Jeffries lacht: „Es ist alles sehr klein, auf *molekularer* Ebene."

„Wer hat diese Informationen zusammengestellt?", fragt Hannah.

„Warum fragst du das, Hannah?", antwortet Jeffries.

„Na ja, Sie haben gesagt, dass die DNA Informationen enthält, also habe ich mich gefragt, wer die Informationen gesammelt hat ..." Hannah sieht aus, als wolle sie unbedingt eine Antwort bekommen.

Detective Jeffries kreist die *Wer-Frage* auf dem Whiteboard ein. „Es ist interessant, dass du davon ausgehst, dass der Urheber der DNA-Informationen ein *Wer* ist." Jeffries wendet sich an die Schüler. „Erinnert ihr euch an die Anweisungen, die Jasons Opa befolgen musste, um sicherzustellen, dass der Baum wachsen und gedeihen würde?"

Die Schüler nicken, als sie sich an die Geschichte von Oma Miri erinnern.

„Als der Großvater den Zettel mit den Anweisungen von seinem Vater bekam, wusste er, dass ein intelligentes Wesen ihn geschrieben hatte, und er wusste sogar, *wer* dieses Wesen war – nämlich sein eigener Vater. Er wusste, dass die Informationen nicht *zufällig* auf diesem Zettel entstanden waren. Nur *intelligente Wesen* können solche Informationen wie die Anweisungen an Ren aufschreiben."

Jeffries zeigt auf die Skizze der DNA auf der Tafel. „Die Informationen in der DNA sind viel komplizierter als die Informationen auf dem Zettel, den Ren von seinem Vater bekommen hat. Wenn wir wissen, dass *diese* Notiz von einem intelligenten *Wer* stammt, warum sollten wir dann nicht glauben, dass die Informationen in der DNA von einem intelligenten *Wer* stammen?" Er nimmt seinen Stift und ergänzt die Zeichnung des Universums um ein drittes Beweisstück:

„Wer ist dieser *Wer*, der die Informationen in die DNA schreiben könnte?“, fragt Jason.

Ein Werkzeug für deine Aktentasche

Die sieben Ws

Vergiss nicht, die Wer-, Was-, Wo-, Wann-, Wie, Womit- und warum- und Wie-Fragen zu stellen, wenn du ein Rätsel lösen willst, auch wenn es um das Rätsel des Universums geht.

„Detective Jeffries, reden Sie schon wieder von Gott?“, fragt Hannah. „Ein Schöpfer scheint die einzige Möglichkeit zu sein, die Sinn ergäbe.“

„Zuerst wollen wir noch einmal überprüfen, was wir über den Schuhkarton erfahren haben“, sagt Jeffries. „Die Zeichnung scheint den Baum in Jasons Garten zu zeigen, und der Junge auf der Zeichnung könnte Jason sein. Außerdem möchte derjenige, der das Bild gezeichnet hat, aus irgendeinem Grund die Aufmerksamkeit des Betrachters auf den Baum lenken.“

„Ich habe allerdings noch viele Fragen wegen des Briefes im Schuhkarton ...“, beginnt Daniel.

„Ich auch, aber ...“, antwortet Jeffries.

„Ich weiß, ich weiß“, sagt Daniel. „Gute Ermittler sind geduldig.“

Alle lachen.

„Unser Täterprofil wächst“, sagt Jeffries, nachdem sich die Schüler beruhigt haben.

„Wer auch immer das Universum aus dem Nichts entstehen ließ und die Feinabstimmung für das Leben vornahm, war auch *intelligent und fähig zu kommunizieren* – wie wir in unserer DNA gesehen haben."

„Unser ‚Verdächtiger' klingt schon sehr nach Gott", sagt Hannah.

Jeffries lächelt: „Wir sind noch nicht fertig, und denkt daran ..."

„Gute Detektive sind geduldig", sagt Daniel, während er sich im Raum umsieht und wartet, dass alle reagieren.

Du und Jason, ihr fangt an zu lachen, als Jeffries die Gruppe für eine weitere Woche entlässt.

„Ich freue mich, euch zu sehen."
Beweise
Beweiskette

Gibt es Beweise für einen Künstler?

Die heutige Unterrichtseinheit beginnt im forensischen Labor. Auf dem mit Papier abgedeckten Tisch liegen mehrere Lupen und eine Auswahl an kurzen und langen Pinzetten. Außerdem steht eine Schachtel mit Einmalhandschuhen bereit. Detective Jeffries betritt als Letzter den Raum.

„Ich freue mich, euch zu sehen", sagt er und stellt die Tüte mit den Beweismitteln auf den Tisch. Dann holt er alle Gegenstände aus dem Schuhkarton heraus. „Jeder braucht ein Paar Handschuhe und eine Lupe."

Die Schüler ziehen sich schnell ihre Handschuhe an.

„Okay", sagt Jeffries, „es wird Zeit, dass jeder von euch seine Fähigkeiten als Ermittler unter Beweis stellt. Reicht zunächst die Gegenstände herum, die wir in der Kiste entdeckt haben! Fasst sie vorsichtig an! Wenn ihr wollt, könnt ihr sie mit Pinzette und Lupe untersuchen."

Die Schüler beginnen, die Gegenstände untereinander zu verteilen. Einige benutzen eine Pinzette, um Rens Brief und die Zeichnung zu untersuchen. Andere fassen die Schaufel und die anderen Gegenstände einfach mit ihren behandschuhten Händen an. Du und Jason, ihr untersucht die Außenseite des Rings sorgfältig mit euren Lupen. Auf einer Seite des Rings sind die Buchstaben *GGS* eingraviert.

„Ich habe eine wichtige Frage an euch", sagt Jeffries. Alle Schüler halten inne und blicken auf. „Guckt euch alle Gegenstände und sogar den Schuhkarton ganz genau an. Was haben diese Dinge alle gemeinsam?“

„Ich habe sie auf dem Dachboden gefunden?“, fragt Jason zögernd.

„Das stimmt, aber ich dachte an etwas anderes“, antwortet Jeffries, während er in seine Tasche greift. „Vielleicht hilft das ...“

Er holt einen kleinen Stein hervor und legt ihn auf den Tisch.

„Vergleicht die Gegenstände vom Dachboden mit diesem Stein“, sagt Jeffries. „Inwiefern unterscheiden sie sich?“

Die Schüler reden miteinander, dann scherzt Daniel: „Wir haben den Stein nicht auf dem Dachboden gefunden!“ Mehrere Schüler lachen, während Daniel stolz grinst.

„Das meinte ich nicht“, antwortet Jeffries. „Hat jemand einen anderen Vorschlag?“

Jason hebt vorsichtig die Hand: „Ich glaube, ich weiß, was Sie meinen … Der Stein wurde nicht von einem Menschen erschaffen, alle anderen Gegenstände schon.“

„Genau“, sagt Jeffries. „Der Schuhkarton und die Gegenstände darin wurden von intelligenten Wesen geschaffen. Man sagt, dass sie *designt* wurden, also von jemandem entworfen oder erschaffen wurden. Der Stein ist nur das Ergebnis zufälliger, natürlicher Ereignisse.“

„Eigentlich ist das doch offensichtlich“, meint Hannah.

„Aber *warum* ist es so offensichtlich?“, fragt Detective Jeffries.

„Das *weiß* man einfach!“, sagt einer der Schüler.

In diesem Moment öffnet sich die Tür zum Untersuchungsraum, und einer der Forensiker führt Jasmin hinein. Vorsichtig trägt sie das Vogelnest, das sie von Jasons Baum geholt hat.

„Jasmin, was machst *du* denn hier?“, fragt Jason.

„Ich habe sie eingeladen“, erklärt Jeffries.

„Hallo, Leute!", sagt Jasmin. Sie wirkt ein wenig eingeschüchtert, als sie sich in dem Hightech-Raum umschaut und merkt, dass alle Handschuhe tragen.

„Ich habe Jasmin aus einem bestimmten Grund gebeten, das Nest mitzubringen", fährt Jeffries fort. „Bitte untersucht das Nest jetzt genauso sorgfältig wie die anderen Objekte!"

Designtes Objekt: Etwas, das nicht durch Zufall entstanden ist, sondern das die Handschrift eines intelligenten Künstlers trägt.

Wenn Ermittler am Einsatzort solche Objekte finden, wissen sie, dass sie von einem intelligenten Wesen hergestellt oder dort platziert wurden (in der Regel von einem Menschen und hoffentlich von ihrem Verdächtigen!). Solche Gegenstände sind ein Beweis für Design.

Die Schüler reichen das Nest langsam herum und untersuchen es gründlich mit Lupe und Pinzette.

„Okay, was ist euch bei dem Nest aufgefallen?", fragt Jeffries und zeichnet etwas auf das Whiteboard. „Würdet ihr das Nest eher der Kategorie mit den Gegenständen im Schuhkarton zuordnen oder eher der Kategorie mit dem Stein?"

„Es gehört zu derselben Kategorie wie die Gegenstände im Karton", sagst du. „Es sieht nämlich so aus, als wäre es designt worden."

„Es ist also nicht nur das Ergebnis eines zufälligen, natürlichen Ereignisses?", fragt Detective Jeffries.

„Nein", sagt Daniel. „Die Vögel haben es offensichtlich gebaut."

„Gut, aber ich möchte, dass ihr wie Kriminalkommissare denkt", sagt Jeffries. „Welche *Beweise* habt ihr dafür, dass dieses

Nest von Vögeln mit Intelligenz designt wurde? Wir machen mal eine Liste."

Hannah hebt die Hand. „Ich habe eine Idee: Es ist ziemlich unwahrscheinlich, dass sich diese Zweige *zufällig* auf diese Weise zusammengefügt haben."

„Gut", sagt Jeffries, während er ihre Aussage an die Tafel schreibt. „Was noch?"

„Es sieht aus wie andere Dinge, von denen wir wissen, dass sie designt wurden", bemerkt Daniel. „Wie eine Schale, die von einem Töpfer gemacht wurde."

„Das ist eine tolle Beobachtung", lobt Detective Jeffries. „Wenn wir wissen, dass Schüsseln designte Objekte sind, warum sollten wir dann nicht auch davon ausgehen können, dass das Nest designt wurde?" Jeffries fügt diesen Punkt seiner immer länger werdenden Liste an der Tafel hinzu.

Daniel hält sich das Nest ganz nah vor das Gesicht und betrachtet es mit einer Lupe. „Habt ihr bemerkt, dass die Zweige nicht einfach wahllos übereinander liegen? Sie sind sogar ein bisschen miteinander verwoben, damit das Nest zusammenhält."

„Darf ich auch etwas ergänzen?", fragt Jasmin.

„Natürlich", antwortet Jeffries und reicht ihr das Nest.

„Ich konnte das Nest schon ein wenig zu Hause untersuchen und war erstaunt, wie *zielgerichtet* die Vögel vorgegangen sind. An der Außenseite des Nests haben sie größere, steifere Zweige angebracht, um es richtig stabil zu machen. Aber an der Innenseite haben sie feinere, weichere Kiefernnadeln verwendet. So wurde es innen weich genug für die Eier. Als hätten die Vögel von Anfang an die Absicht gehabt, ein Haus mit einem weichen Bettchen zu bauen." Die Schüler schweigen. Sie sind beeindruckt von Jasmins Beobachtung.

„Krass", sagt Hannah. „Jasmin ist eine ziemlich gute Ermittlerin – und dabei nimmt sie noch nicht mal an unserem Kurs teil!"

Jeffries lacht und fügt ihre Beobachtung der Liste der Beweise hinzu.

„Könnte nicht die Schwerkraft dafür gesorgt haben, dass einige dieser Zweige an ihren Platz gefallen sind?", fragt Jason.

„Vielleicht", antwortet Jeffries, „aber glaubst du, dass dieses Nest, so wie wir es heute sehen, nur aufgrund der Schwerkraft oder irgendeines Naturgesetzes entstanden ist?"

Jason denkt darüber nach. „Nein, das glaube ich nicht."

„Fügen wir diese Tatsache unserer Liste hinzu", sagt Jeffries und wendet sich wieder dem Whiteboard zu.

„Okay, seht euch bitte an, was wir bis jetzt gefunden haben! Ich habe das Nest gezeichnet und fünf gute Beweise, die darauf hindeuten, dass es von intelligenten Vögeln erschaffen wurde – es ist nicht einfach zufällig oder durch ein Naturgesetz auf seinen Platz gefallen."

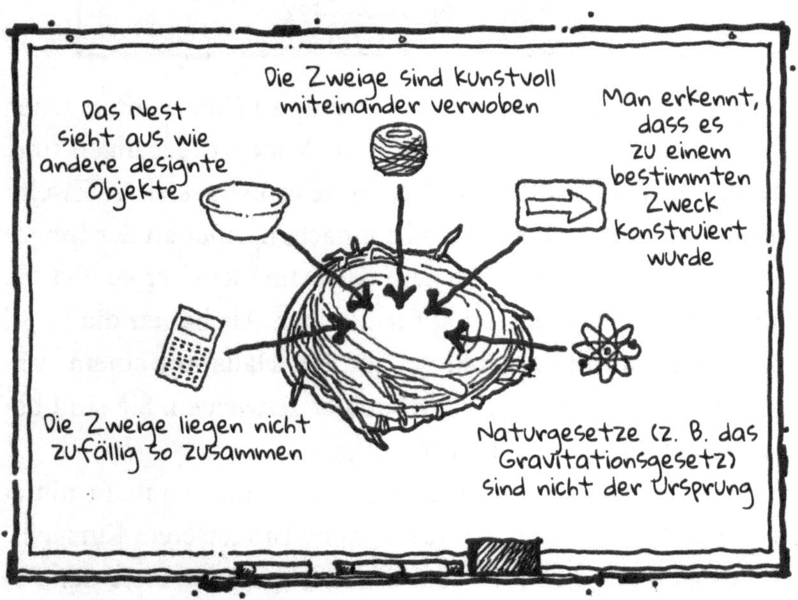

Jeffries wendet seine Aufmerksamkeit Jasmin zu. „Du sagtest, du seist erstaunt über das, was du an diesem kleinen Nest beobachtet hast ...“ Dann blickt er zu den Schülern. „Ich denke, ihr werdet *noch mehr* darüber staunen, was ihr gleich in etwas viel Kleinerem sehen werdet. Kommt mit nach oben in den Besprechungsraum!“

Sobald sie oben sind, beginnt Detective Jeffries, auf der Tafel zu zeichnen. Alle sehen aufmerksam auf das kunstvolle und detaillierte Objekt, das er skizziert. Als er fertig ist, sind die Schüler beeindruckt.

„Hammer, wie gut Sie malen können“, sagt einer der Schüler.

„Danke“, sagt Jeffries. Er zeigt auf das Objekt, das er gezeichnet hat. „Das ist ein Motor, der einen langen, seilartigen Arm dreht. Der Motor wird durch eine elektrische Ladung angetrieben, die diesen Rotor zum Drehen bringt. Sagt mir: Ist das durch ein intelligentes Design entstanden oder bloß das Ergebnis eines zufälligen, natürlichen Ereignisses?“

Spurensicherung

In der Bibel wird Gott als intelligenter Designer beschrieben, der jeden Teil unseres Körpers designt hat, auch die Mikro-Maschinen in unserem Körper.

Lies Psalm 139,14: „Ich preise dich [Gott], dass ich so wunderbar und staunenswert erschaffen bin. Ja, das habe ich erkannt: Deine Werke sind wunderbar!

Fast einstimmig rufen die Schüler: „Design!“

„Erklärt es mir wie Ermittler!“, fordert Jeffries sie auf. „Nennt mir ein paar Beweise! Denkt an die Beweise, die ihr bei dem Vogelnest entdeckt habt!“

„Ihr Motor ist zu komplex, um zufällig entstanden zu sein“, sagt einer der Schüler.

„Gut“, lobt Jeffries. „Was noch?“

„Er sieht genauso aus wie der Motor auf dem Angelboot meines Vaters“, sagt Daniel, „und ich weiß, dass er von einer Firma für Bootsmotoren designt wurde.“

„Gut, schreiben wir das dazu“, sagt Jeffries und notiert es.

„Da ist auch alles miteinander verbunden, und es sieht ziemlich filigran und komplex aus – viel komplizierter als beim Vogelnest“, sagst du.

„Ich stimme dir zu“, sagt Jeffries.

„Und der Motor scheint so designt worden zu sein, dass er diesen seilartigen Arm dreht. Man sieht, dass er einen Zweck erfüllt“, fügt Jasmin hinzu.

„Das ist dir ja auch schon beim Vogelnest aufgefallen", bemerkt Jeffries. „Und ich denke, es ist unmöglich, dass all diese Motorenteile nur durch die Schwerkraft oder ein anderes Naturgesetz zusammengekommen sind", sagt Jason.

„Da hast du auch recht, Jason", sagt Jeffries, als er seine Zeichnung fertiggestellt hat. „Und jetzt möchte ich euch etwas über diesen Motor erzählen."

Detective Jeffries macht eine dramatische Pause. „Dieser Motor ist viel kleiner als das Nest. Ich habe ihn nur so groß gezeichnet, damit man ihn erkennen kann. Dieser Motor ist sogar so klein, dass man ihn nur mit einem Mikroskop erkennen kann."

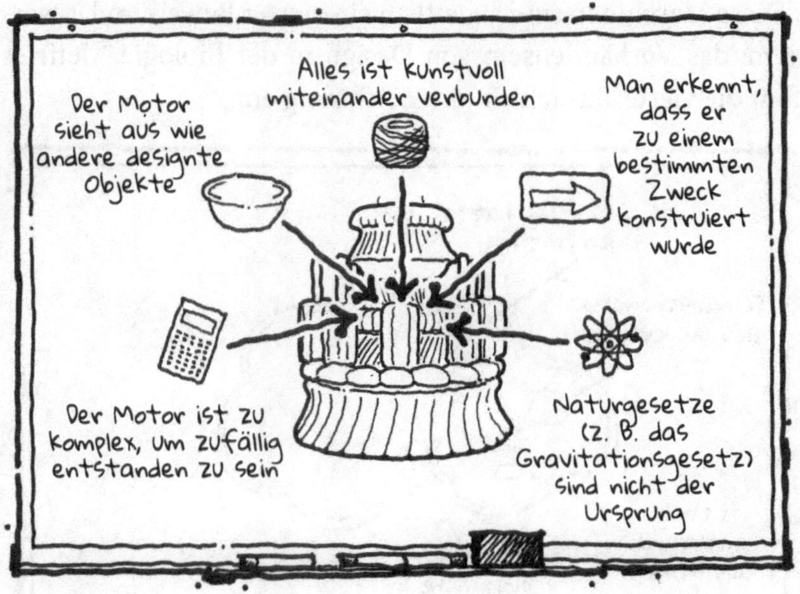

Die Schüler sehen sich gegenseitig an, dann gucken sie wieder auf die Zeichnung.

„Das ist eine Bakterie, ein so genanntes Geißeltierchen“, sagt Jeffries, „und es ist mikroskopisch klein. Dieser kleine Motor dient nicht dazu, ein Boot anzutreiben, sondern wird von dieser Bakterie zur Fortbewegung benutzt.“

„Wahnsinn“, sagt Jasmin, „das ist *wirklich* noch erstaunlicher als mein Nest.“

„Es gibt Tausende von anderen mikroskopisch kleinen Maschinen in deinem Körper, die genauso eindrucksvoll sind“, antwortet Detective Jeffries, „und die Wissenschaftler entdecken jeden Tag mehr und mehr.“

Jeffries zeigt auf seine alte Zeichnung des Universums. „Diese Maschinen sind eigentlich ein vierter Beweis im Universum: das Vorhandensein von Design in der Biologie.“ Jeffries fügt die vierte Tatsache in die Zeichnung ein.

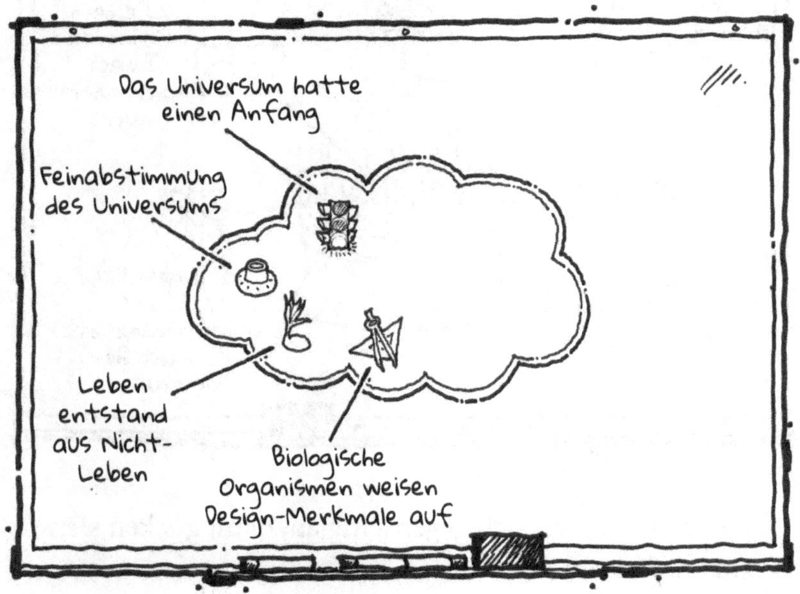

„Und wie beim Nest", fügt Jeffries hinzu, „habt ihr Schüler mir die gleichen guten Beweise dafür geliefert, dass diese Mikromaschinen in unseren Körpern von einem intelligenten Wesen designt wurden."

„Moment mal", sagt Jason. „Wie sollen diese Maschinen in unserem Körper designt worden sein? Wer ist denn dann der Designer?"

„Ich sage es ja – wir reden doch wieder über Gott, oder?!", fragt Hannah ungeduldig. „Wer sonst könnte der intelligente Designer sein, der diese Maschinen erschaffen kann?"

„Moment, Moment. Vergesst nicht ...", beginnt Jeffries.

„Es ist wichtig, geduldig zu sein", ergänzt Daniel. „Wenigstens war *ich's* diesmal nicht!"

Die Schüler lachen. Und dann macht Jeffries sie auf einen weiteren wichtigen Aspekt des sich erweiternden Täterprofils aufmerksam. „Wir wissen jetzt etwas mehr über die Ursache, die zur Entstehung des Universums geführt hat: Wir haben es mit jemandem zu tun, der nicht nur intelligent ist und kommunizieren kann, sondern auch ein kreativer Designer ist. Deshalb sehen wir die offensichtlichen Anzeichen eines Designs in der Welt um uns herum."

Ein Werkzeug für deine Aktentasche

Möglichst viele Spuren

Du musst so viele Spuren wie möglich sichern, auf die du deine Schlussfolgerung stützen kannst. Fälle, die auf mehr als einem Beweisstück beruhen) sind die plausibelsten und zuverlässigsten.

„Das ist eine Menge Stoff zum Nachdenken", sagst du, während du Detective Jeffries' Zeichnung in deinen Notizblock überträgst.

„Ich frage mich, ob es genau das ist, was mein Großvater meinte, als er sagte, ich müsse ‚sorgfältig über die Hinweise nachdenken'", sagt Jason.

„Vielleicht", sagt Detective Jeffries. „Wir haben gerade erst damit begonnen, die Geheimnisse des Schuhkartons und des Universums zu erforschen."

Zur Gerichtsmedizin? Warum geht Detective Jeffries mit uns dorthin?

Kapitel 5

Über das Denken nachdenken

Sind wir mehr als Materie?

Es ist kurz vor Beginn der nächsten Polizeischul-Sitzung. Detective Jeffries befindet sich vorne im Besprechungsraum, schaut auf die Uhr und wandert vor dem Whiteboard auf und ab.

„Jetzt guck mal, wer *da* ungeduldig ist“, flüstert Daniel Jason zu.

„Das habe ich gehört!“, ruft Jeffries mit dröhnender Stimme. „Ich weiß, dass einige von euch unbedingt herausfinden wollen, was Jasons Opa meinte, als er in seinem Brief schrieb, Jason solle ‚sorgfältig über die Hinweise nachdenken‘.“

Viele der Schüler nicken zustimmend.

„Heute machen wir eine kleine Exkursion. Ihr sollt herausfinden, was es bedeutet, überhaupt *denken* zu können. Nehmt eure Sachen, und dann gehen wir gemeinsam rüber zur Gerichtsmedizin! Wir haben dort in ein paar Minuten einen Termin."

Zur Gerichtsmedizin? Warum geht Detective Jeffries mit uns dorthin?, fragst du dich, während du mit den anderen Schülern zügig losgehst. Das Büro sieht von außen sehr zweckmäßig aus, ein bisschen wie ein Krankenhaus. In der Eingangshalle spricht Detective Jeffries mit der Empfangsdame. Wenige Augenblicke später kommt eine Frau in einem weißen Laborkittel und begrüßt Jeffries und die Schüler.

„Das ist Dr. Jennifer Kelley", sagt Jeffries. Dr. Kelley lächelt freundlich und winkt kurz zur Begrüßung. „Sie wird mit uns eine kleine Führung durch das gerichtsmedizinische Institut machen."

Einige der Schüler tuscheln miteinander. Viele fragen sich immer noch, was das alles mit Opa Rens Notiz oder dem Schuhkarton zu tun hat.

„Legen wir los!", sagt Dr. Kelley, als sie die Tür zu einem langen Flur öffnet. „Ich bin stellvertretende Gerichtsmedizinerin hier und helfe manchmal Leuten wie Detective Jeffries bei der Aufklärung verdächtiger Todesfälle."

Einige der Schüler haben bereits Fragen. Daniel hebt seine Hand. „Sie sagten, Sie würden Mr. Jeffries helfen. Sind Sie auch Polizistin?"

„Nein", antwortet Dr. Kelley, während sie alle den Flur hinunterführt. „Ich bin examinierte Ärztin, genau wie die Art von Arzt, zu dem man geht, wenn man krank ist. Aber ich habe ein Spezialgebiet: *tote Menschen*."

Hannah bleibt auf der Stelle stehen. „Sagten Sie *tote Menschen?*"

„Ja“, fährt die Ärztin fort. „Wenn jemand auf verdächtige Weise stirbt und die Polizei nicht sicher ist, ob es sich um einen Mord, einen Unfall oder einen natürlichen Tod handelt, untersuchen wir die Leiche, um den Ermittlern bei der Lösung des Falles zu helfen.“ Die Ärztin wartet, bis alle am Eingang zu einem großen Raum stehen. Zwei glänzende Metalltüren versperren den Blick. „Wir führen unsere Untersuchungen in diesem Raum durch“, sagt sie und schiebt die Schwingtüren auf.

Einige der Schüler zögern. „Liegen da die toten Menschen drin?“, fragt jemand von hinten.

„Nein, keine Sorge. Ich bringe euch in einen *leeren* Untersuchungsraum.“

Die Schüler betreten den Raum und sind sofort von all den medizinischen Geräten fasziniert. Sie sehen mehrere lange Metalltische. An flexiblen mechanischen Armen hängen über jedem Tisch eine große Lampe und ein Vergrößerungsglas.

Neben den Tischen befinden sich große Waschbecken und viele sterilisierte Glasbehälter. Auf den Regalen neben den Tischen sind mehrere Skalpelle und Schneidwerkzeuge zu sehen.

„Ist es das, wofür ich es halte?“, fragt Daniel mit einem seltsamen Ton in der Stimme. Er deutet auf eines der Regale neben dem ersten Waschbecken. Dort steht ein großes Glasgefäß. Im Inneren des Behälters schwimmt ein Gehirn in einer klaren Flüssigkeit.

„Es ist das Gehirn eines Menschen, falls du das meinst“, sagt Dr. Kelley. „Wenn jemand stirbt, untersuchen wir *jeden* Teil seines Körpers – sogar sein Gehirn.“ Sie geht hinüber und nimmt das Glas gelassen aus dem Regal. „Dieses Gehirn wurde von einer Familie gespendet. Es soll uns helfen, künftig andere Todesfälle besser beurteilen zu können."

Einige der Schüler sind überrascht, wie ruhig die Ärztin etwas so ... Gruseliges anpackt.

„Schüler, deshalb habe ich euch hergebracht", sagt Jeffries. „Heute wird uns Dr. Kelley etwas Wichtiges im Zusammenhang mit Rens Brief beibringen."

Dr. Kelley führt die Gruppe in einen Besprechungsraum am Ende des Flurs. Nachdem alle Platz genommen haben, stellt sie das Glas auf einen Tisch neben einem großen Whiteboard.

„In Rens Notiz", beginnt Detective Jeffries, „wird Jason angewiesen, ‚sorgfältig über die Hinweise' nachzudenken. Was gebrauchen Ermittler, wenn sie über Beweise nachdenken?"

Jason zeigt auf das Gefäß auf dem Tisch. „Ihr Gehirn?"

Dr. Kelley meldet sich zu Wort. „Benutzen sie ihr Gehirn oder ihr Bewusstsein?"

Identifizierung des Verdächtigen:

Woher wissen die Ermittler, dass der Tatverdächtige auch der Täter ist?

Manchmal bitten wir Augenzeugen, den Täter zu beschreiben, den sie bei der Tat gesehen haben. Wenn diese Täterbeschreibung kaum zu der Person passt, die wir festgenommen haben, müssen wir davon ausgehen, dass es sich um den falschen Verdächtigen handelt. Auf ähnliche Weise kann man das Gehirn und das Bewusstsein miteinander vergleichen. Wenn die Beschreibungen zu stark voneinander abweichen, haben wir guten Grund zu der Annahme, dass sie nicht identisch sind.

„Wo ist denn da der Unterschied?“, fragt Jason.

„Gute Frage, Jason“, antwortet Jeffries. „Wie du von unserem ersten Kurs weißt, müssen wir für unsere Ermittlungsarbeit lernen, wie man gründlich nachdenkt. Ich habe euch heute hergebracht, damit ihr den Unterschied zwischen unserem Gehirn und unserem Bewusstsein kennenlernt, denn nur so könnt ihr verstehen, was wir benutzen, wenn wir denken.“

Jeffries wendet sich an Dr. Kelley. „Dr. Kelley, gibt es einen Unterschied zwischen dem Gehirn und dem Bewusstsein?“

„Ja, es gibt mehrere wichtige Unterschiede“, sagt sie und nimmt einen schwarzen Filzstift in die Hand. Sie zeichnet zwei Bilder und schreibt darüber die Worte: „Gehirn“ und „Bewusstsein“.

„Manchmal glauben die Leute fälschlicherweise, dass das Gehirn dasselbe sei wie das Bewusstsein, aber das ist nicht richtig. Man kann zum Beispiel ein Gehirn in den Händen halten. Man kann es sogar in ein Glas legen!“ Dr. Kelley hält das Glasgefäß hoch.

„Aber man kann sein Bewusstsein nicht in der Hand halten. Es ist nicht physisch oder materiell wie das Gehirn. Das ist ein wichtiger Unterschied."

Dr. Kelley schreibt ein paar Worte unter die beiden Begriffe. „Und man kann dieses Gehirn messen. Man kann feststellen, wie lang und breit es ist und wie viel es wiegt."

„Aber was ich gerade denke, kann man nicht mit einer Waage messen", fügt Daniel hinzu.

„Genau", sagt die Ärztin und schreibt weitere Worte auf. „Gehirne sind *messbar*, aber Gedanken sind es nicht."

„Außerdem", erklärt Dr. Kelley in ernsterem Ton, „kann jeder dieses Gehirn sehen. Wenn ein Mensch lebt, können wir sein Gehirn nur sehen, wenn wir eine Operation durchführen. Aber selbst wenn wir das täten, könnten wir niemals das *Bewusstsein* der Person sehen."

„Deshalb ist das nicht ernst gemeint, wenn man sagt, man könne von jemandem die Gedanken lesen. Man kann nur

Dinge lesen, die jemand öffentlich gemacht hat, und man kann das Bewusstsein und die Gedanken anderer Menschen nicht sehen, weil sie *privater* Natur sind."

„Das stimmt", sagt die Ärztin. „Wir haben gerade drei wichtige Punkte aufgezählt, warum wir genau wissen, dass unser Gehirn und unser Bewusstsein *nicht* identisch sind." Dr. Kelley zeigt auf ihre Liste an der Tafel. „Philosophen und Wissenschaftler sind der Meinung, dass es noch viele andere Gründe gibt, warum Gehirn und Bewusstsein nicht dasselbe sind, aber ich denke, diese drei Gründe reichen aus, um das Prinzip zu verstehen." Sie hebt das Gefäß wieder hoch. „Dieses Glas enthält ein Gehirn, aber es enthält keine Gedanken. Es gibt einen Unterschied zwischen Gehirn und Bewusstsein."

„Wenn wir also die Rätsel des Schuhkartons und des Universums lösen wollen, müssen wir unser Bewusstsein einsetzen“, sagt Detective Jeffries. „Wir bedanken uns hiermit bei Dr. Kelley und laufen dann *bewusst* zurück zum Polizeipräsidium.“

„Darf ich eine Frage stellen?“, bittet Jason, als sie zurück im Besprechungsraum sind. „Ich bin mir nicht sicher, warum es wichtig ist, den Unterschied zwischen dem Gehirn und dem Bewusstsein zu kennen. Inwiefern hilft uns das, unsere Fälle zu lösen?“

„Nun“, antwortet Jeffries, „dein Großvater hat dich ausdrücklich gebeten, über die Hinweise *nachzudenken*, und wie sich herausstellt, ist deine *Fähigkeit* zu denken ein wichtiges Beweisstück, wenn wir die Ursache des Universums untersuchen.“

Jeffries kehrt zum Whiteboard zurück. „Viele Wissenschaftler glauben, dass alles im Universum nur aus Raum, Zeit und Materie besteht – und dass man alles messen, sehen oder festhalten kann. Wenn das stimmt, haben wir zwar ein Gehirn, aber kein Bewusstsein, denn unsere Gedanken

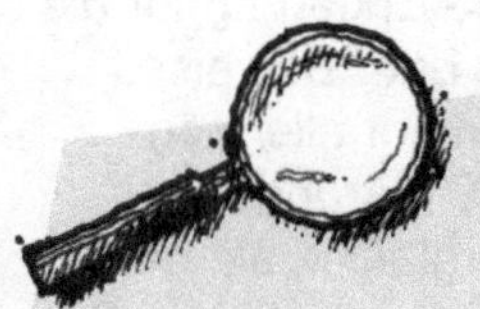

Spurensicherung

Die Bibel sagt, dass wir aus mehr als nur einem bloßen Gehirn und Körper bestehen.

Lies 1. Thessalonicher 5,23: „Gott selbst, der Gott des Friedens, helfe euch, ein Leben zu führen, das in jeder Hinsicht heilig ist. Er bewahre euch völlig nach Geist, Seele und Leib, damit bei der Wiederkunft unseres Herrn Jesus Christus nichts an euch ist, was Tadel verdient.“

Welche Teile unseres Daseins sind nicht greifbar?

Ein Werkzeug für deine Aktentasche

Vergleiche Erklärungen!

Es gibt immer mehr als nur eine Erklärung für die Fakten oder Beweise. Liste immer alle möglichen Erklärungen auf und vergleiche sie miteinander und mit den Beweisen, die du gesammelt hast.

Ist eine dieser Erklärungen plausibler als die anderen? Liefert sie eine bessere Begründung für die Beweise als die anderen? Das ist die richtige Erklärung.

und unser Bewusstsein können nicht auf diese Weise untersucht werden."

„Aber ich *weiß*, dass ich ein Bewusstsein habe und denke", erklärt Daniel, „denn ich *denke* über das nach, was Sie gerade gesagt haben!" Jason und einige andere Schüler lachen.

„Das stimmt", sagt Jeffries. „Dein gesunder Menschenverstand und sogar unsere allgemeine Erfahrung sagen uns, dass wir tatsächlich ein Bewusstsein haben. Aber Wissenschaftler, die glauben, dass alles im Universum nur mit dem erklärt werden kann, was im Universum vorhanden ist – also nur durch Raum, Zeit und Materie –, sind immer noch nicht in der Lage, die Existenz des immateriellen Bewusstseins zu erklären."

„Was wäre, wenn unser Bewusstsein von etwas stammt, das nicht im Innern des Universums existiert?"

„Du meinst von jemandem wie Gott?", fragt Hannah. Sie wartet gar nicht erst auf eine Antwort, sondern fügt hinzu: „Wenn Gott denken kann und uns so geschaffen hat, dass wir ihm ähnlich sind, dann müssten wir auch ein Bewusstsein und Gedanken haben, oder?"

„Fügen wir diesen neuen Beweis hinzu“, sagt Jeffries und malt an die Tafel. „Die Existenz von Wesen mit Bewusstsein innerhalb des Universums. Aufgrund dieser Beweise können wir unser Täterprofil um eine weitere Aussage ergänzen. Was auch immer das Universum ins Leben gerufen hat, scheint ein Bewusstsein zu sein, das in der Lage ist, andere Wesen mit einem Bewusstsein zu erschaffen.“

„Über diese ganzen Dinge habe ich noch nie nachgedacht“, sagt Daniel, „aber ich habe einige meiner Freunde sagen hören: ‚Sehen heißt glauben.‘ Sie glauben nicht an Gott oder Engel, weil sie sagen, dass man sie nicht sehen kann. Aber sie haben ja selbst Gedanken und einen Verstand, die man ebenfalls nicht sehen, anfassen oder messen kann.“

„Vielleicht kannst du ihnen helfen, indem du ihnen sagst, dass ihre Gedanken ein Beispiel für etwas sind, das man glauben kann, ohne es zu sehen", schlägt Jeffries vor. „Es könnte mehr im Universum geben, als man denkt."

Jason grübelt über den Brief nach. Dann fällt ihm ein: „Mein Opa hat gesagt, ich solle über die Hinweise nachdenken, aber er hat auch gesagt, ich würde meine Meinung ändern. Aber worüber denn?"

„Mit diesem Thema werden wir uns nächste Woche befassen", sagt Jeffries.

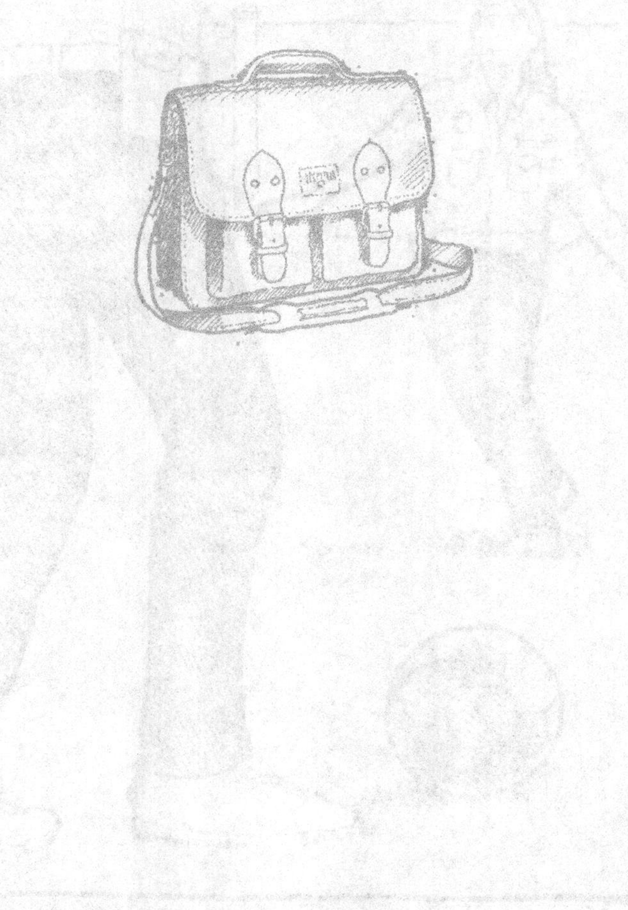

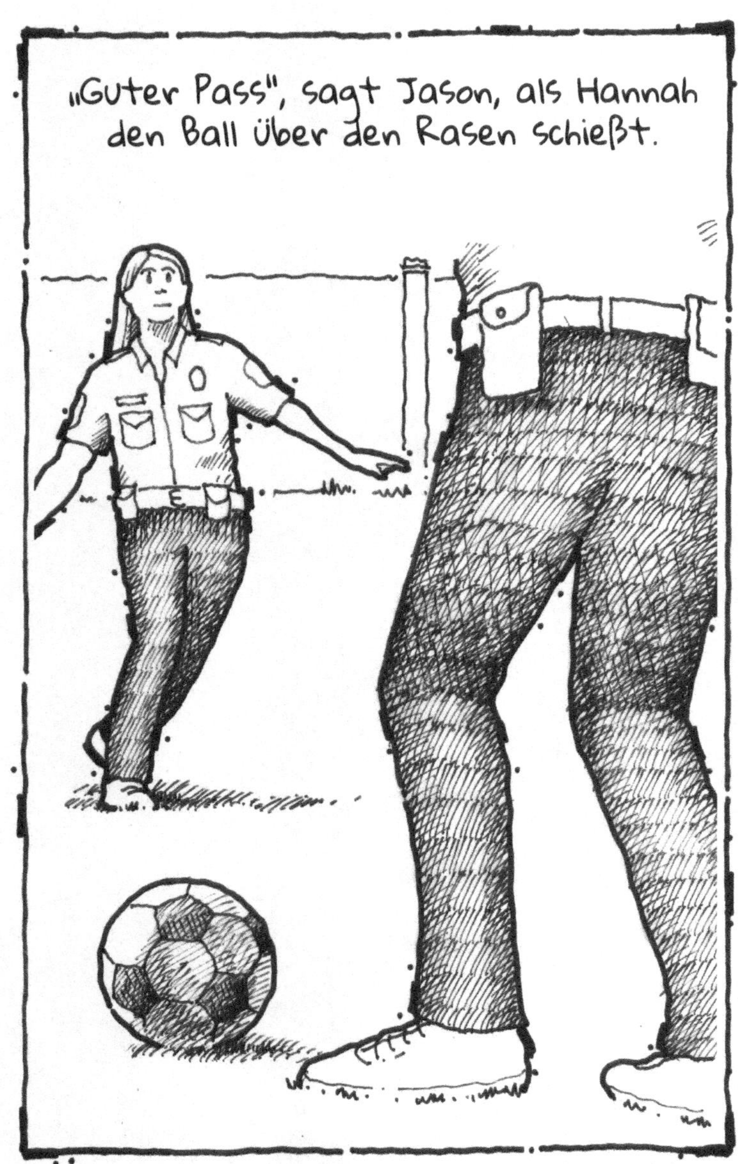
„Guter Pass", sagt Jason, als Hannah den Ball über den Rasen schießt.

Sind echte Entscheidungen überhaupt möglich?

„Guter Pass“, sagt Jason, als Hannah den Ball über den Rasen schießt. Er spielt den Ball unter den Ästen des *Bloodgood*-Baumes zurück. Bis zum nächsten Treffen ist es noch etwa eine Stunde hin.

„Kann ich mitspielen?“, fragt eine vertraute Stimme von nebenan. Jasmin streckt den Kopf über den Zaun.

„Klar“, sagt Jason. Oma Miri ist nicht da, sie macht Besorgungen, aber Jason weiß, dass sie nichts dagegen hat, wenn seine Freunde mit ihm im Garten Fußball spielen.

Jasmin klettert über den Zaun. Sie entpuppt sich als ebenso gute Fußballspielerin wie Kletterkünstlerin.

Ihr Fußballspiel wird durch lautes Geheul unterbrochen, das aus den Ästen des Baumes dringt. Sie gucken nach oben und entdecken, dass Simba genau auf dem Ast sitzt, auf dem Jasmin das Nest gefunden hat. Er miaut auf eine seltsame Art und Weise.

„Ich frage mich, ob Simba der Grund dafür ist, dass das Vogelnest leer war", sagt Hannah mit einem Grinsen im Gesicht.

„Ich hoffe nicht", antwortet Jason. „Obwohl er ein guter Jäger ist."

„Warum macht er dieses Geräusch?", fragt Jasmin.

„Das macht er manchmal." Jason geht zu dem Baum und stellt sich direkt vor das Blumenbeet. „Es scheint ihm schwerer zu fallen, von Bäumen herunterzukommen, als hochzukommen."

„Er hängt da oben fest?“, fragt Hannah.

„Wahrscheinlich ...“ Bevor Jason noch etwas sagen kann, klettert Jasmin auf den Baum.

„Ich hole ihn“, sagt sie, und in weniger als einer Minute ist sie wieder auf dem Weg nach unten, wobei sie Simba wie ein Stofftier unter dem rechten Arm trägt. „Sei vorsichtig!“, sagt Hannah und erinnert sich, dass Jasmin beim letzten Herabsteigen vom Baum fast gestolpert wäre. „Das letzte Mal bist du hier im Blumenbeet hängen geblieben.“ Sie guckt nach unten und sieht etwas aus der Erde ragen. Jasmin steht nun neben ihr.

„Bist du darüber letztes Mal gestolpert?“, fragt Hannah. Simba miaut. „Ich glaube schon“, sagt Jasmin.

Jason schiebt die Blumen ein wenig auseinander, um besser sehen zu können. „Es ist eine Art Metallkiste." Er bürstet den Schmutz weg, aber der größte Teil der Kiste ist vergraben und lässt sich nicht bewegen.

Die Schüler sehen sich gegenseitig an. „Denkst du, was ich denke?", fragt Jason Hannah. Sie lächelt wissend.

„Was?", fragt Jasmin, als sie Simba auf dem Rasen absetzt.

„Nun, mein Großvater hat ein Bild von mir gemalt, auf dem ich neben diesem Baum stehe. Aber warum? Vielleicht wollte er, dass ich genau hier etwas suche."

„Und in seinem Brief schrieb er, dass du ‚graben' musst", fügt Hannah hinzu.

„Und er hat eine kleine Schaufel beigelegt!", sagt Jason.

„Wir sollten das ausgraben ... jetzt gleich!", ruft Jasmin.

Alle knien sich hin und beginnen zu graben. Plötzlich bekommt Hannah einen merkwürdigen Gesichtsausdruck. „Stopp!", schreit sie.

„Warum?", fragt Jasmin.

„Wir können doch nicht einfach das Blumenbeet deiner Oma umgraben." Hannah sieht Jason an. „Ich meine, jedenfalls nicht, bevor wir nicht wenigstens ihre Erlaubnis haben."

„Da hast du wohl recht", gibt Jason zu.

„Aber das haben wir doch schon gemeinsam beschlossen!", mault Jasmin. „Meine Cousine sagt, es ist manchmal besser, hinterher um Vergebung zu bitten als vorher um Erlaubnis."

Hannah lacht. „Das klingt vielleicht ein wenig seltsam, aber diese Kiste sieht aus, als läge sie schon lange hier begraben. Ich denke, sie kann noch ein bisschen länger bleiben ... bis wir Oma Miri gefragt haben."

„Aber sie ist gerade nicht zu Hause", erwidert Jason, während er wieder aufsteht, „und außerdem beginnt bald die Schulung ..."

Sie sind ein wenig enttäuscht, weil sie zu gerne ihre neue Entdeckung ausgegraben hätten, aber sie beschließen

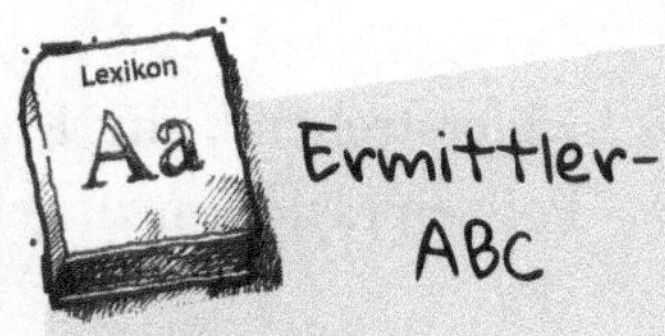

Strafrechtliche Schuldfähigkeit
Wenn die Dominosteine umfallen, geben wir ihnen nicht die Schuld, sondern unseren Geschwistern, wenn sie sie umgestoßen haben. Und warum? Weil die Dominosteine keine Wahl hatten, aber unser Bruder schon.

Wenn wir nicht die Fähigkeit haben, eigene Entscheidungen zu treffen, kann man uns nicht für unsere Handlungen zur Rechenschaft ziehen.

Wenn unsere Handlungen einfach nur unkontrollierbare physische Vorgänge in unserem Gehirn wären, könnte kein Täter jemals für eine Straftat verantwortlich gemacht werden.

widerstrebend, die Kiste im Blumenbeet zu lassen und zum Polizeipräsidium zu gehen.

„Donnerwetter", sagt Detective Jeffries, „das ist eine fantastische Entdeckung." Er holt den alten Schuhkarton aus der Tüte und stellt ihn auf den Tisch im Besprechungsraum, während Jason und Hannah allen von der vergrabenen Metallkiste erzählen.

„Warum hast du sie nicht mitgebracht?", fragt Daniel.

„Eigentlich wollten wir sie ausgraben", erklärt Jason, „aber wir haben es uns anders überlegt, weil wir Omas Blumenbeet nicht zerwühlen wollten, ohne vorher zu fragen."

„Richtige Entscheidung", sagt Jeffries. „Aber warum habt ihr sie nicht einfach gefragt?"

„Sie war nicht zu Hause", antwortet Jason mit einem enttäuschten Gesichtsausdruck.

„Das ist in Ordnung", sagt Jeffries. „Gute Detektive haben ..."

„Geduld!", rufen alle gleichzeitig.

„Wir werden die Kiste so schnell wie möglich ausgraben", versichert Detective Jeffries. „Es hört sich auf jeden Fall so an, als ob die Kiste etwas mit dem Rätsel des Schuhkartons zu tun hat. Das würde die Gartenschaufel und Rens Hinweis über das ‚tiefer graben' erklären."

Jeffries hält einen Moment inne und sieht Jason an. „Aber dein Opa hat auch geschrieben, dass du ‚deine Meinung ändern' würdest. Ich frage mich, woher er das wissen wollte."

„Hm." Jason denkt nach. „Ich bin mir nicht sicher."

„Nun", sagt Jeffries, „du hast vielleicht wichtige Beweise in deinem Garten entdeckt – Beweise, die uns helfen könnten, das Geheimnis des Schuhkartons *und* das Geheimnis des Universums zu lösen."

Die Schüler sehen sich gegenseitig an. Keiner weiß so recht, wovon Jeffries spricht.

„Ich verstehe, warum die Beweise für den Schuhkarton-Fall wichtig sein könnten, aber welche Beweise haben Sie für das Universum entdeckt?", fragt Daniel.

Jeffries erklärt: „Jason und Hannah hatten beschlossen, die Kiste auszugraben, richtig?"

„Ja, aber wir haben es uns anders überlegt", sagt Hannah.

„Na bitte – noch ein Beweisstück!" Jeffries fügt der Zeichnung des Universums einen weiteren Punkt hinzu: „Menschen sind freie Agenten."

„Sie meinen, wie Geheimagenten?“, fragt Daniel. „Und darum nennt man das hier den Kurs für Sonderermittlungen?“

„Nicht ganz“, sagt Jeffries. „Jeder von uns in diesem Raum kann seine Meinung ändern, so wie Jason, Hannah und Jasmin es heute getan haben, und das ist ein wichtiges Beweisstück, das uns helfen kann, die Ursache des Universums zu identifizieren.“

Dann verlässt Jeffries plötzlich den Besprechungsraum. Die Schüler unterhalten sich untereinander und fragen sich, was der Ermittler wohl vorhat. Wenige Augenblicke später kehrt er mit einem kleinen Stoffbeutel mit Tunnelzug zurück.

„Ich war kurz im Aufenthaltsraum am Ende des Flurs“, erklärt er, öffnet den Beutel und schüttet den Inhalt auf den Tisch. „Einige unserer Mitarbeiter spielen in ihrer Mittagspause manchmal Domino.“ Ein ganzer Satz Dominosteine liegt nun auf dem Tisch verstreut.

„Wisst ihr noch, dass wir letzte Woche über den Unterschied zwischen Gehirn und Bewusstsein gesprochen haben?“, fragt er die Gruppe. „Der Hauptunterschied zwischen eurem Gehirn und eurem Denken ist einfach die Tatsache, dass euer Gehirn ein greifbares, materielles Objekt ist und euer Bewusstsein *nicht*.“

„Deshalb können wir auch kein Maßband benutzen, um unsere Gedanken zu messen“, erinnert Daniel.

„Das ist richtig“, sagt Detective Jeffries und beginnt, die Dominosteine in einer Reihe auf dem Tisch aufzustellen. Jeder Stein ist weniger als einen Zentimeter vom nächsten entfernt. Er achtet darauf, keinen von ihnen umzustoßen, damit die gesamte Reihe stehen bleibt.

Spurensicherung

Die Bibel beschreibt die Welt so, wie sie wirklich ist, vor allem, wenn es um unsere Fähigkeit geht, freie Entscheidungen zu treffen.

Lies Josua 24,15! Josua sagt den Israeliten, dass sie auswählen sollten, wem sie dienen wollen: den Göttern der umliegenden Völker oder Gott. Dann bezeugt er: „Doch ich und meine ganze Familie – wir werden dem HERRN dienen!“

Wie konnten die Israeliten oder Josua das tun, wenn sie nicht in der Lage gewesen wären, eigenständige Entscheidungen zu treffen?

„Wie wir letzte Woche bereits gesagt haben: Wenn alles im Universum *rein materieller Natur* ist – wenn alles nur aus Raum, Zeit und Materie besteht –, dann gibt es so etwas wie das menschliche Bewusstsein nicht, weil es *nicht* materiell ist. Auch Menschen, die glauben, dass alles im Universum erklärt werden kann, wenn man sich nur im Rahmen des Universums bewegt, glauben nicht an ein *nicht materielles* Bewusstsein.“

„Woher kommen dann Ihrer Meinung nach unsere Gedanken?“, fragst du.

Jeffries antwortet: „Sie sagen, unsere Gedanken seien einfach physikalische Ereignisse, die in unserem Gehirn stattfinden.“ Er geht zum Lichtschalter und schaltet das Licht aus und dann wieder ein. „Sie glauben, dass physische Zellen in unserem Gehirn, Neuronen genannt, elektrische Impulse von einer Zelle zur anderen übertragen und dadurch eine Reaktion hervorrufen, zuerst in unserem Gehirn und dann in unserem Körper.“

„Wir sind also wie computergesteuerte Roboter?“, fragt Daniel.

„Manche Leute glauben das“, sagt Jeffries und geht zurück zu den Dominosteinen. „Aber wenn das wahr ist, gibt es ein Problem.“ Er stellt sich neben die Reihe der Dominosteine und streckt einen Finger in Richtung des ersten Steins aus. „Wenn alles, was in unserem Gehirn passiert, rein physikalisch ist, dann verhält sich die Aktivität zwischen euren Neuronen genau wie diese Reihe von Dominosteinen.“ Er stößt den ersten Dominostein an, und alle anderen fallen der Reihe nach um.

„Habt ihr genau hingesehen? Sobald ich den ersten Dominostein angestoßen habe, sind alle anderen der Reihe nach umgefallen."

Alle Schüler nicken zustimmend.

„Könnte einer dieser Dominosteine sich dafür entscheiden, *nicht* zu fallen?", fragt er. „Nein", sagt einer der Schüler.

„Warum nicht?" Jeffries wartet auf eine Antwort.

„Weil es nur Dominosteine sind", sagt Jason. „Sie können nicht denken und ihre eigenen Entscheidungen treffen."

„Genau", fährt Jeffries fort. „Dominosteine sind rein materielle *Objekte*, also reagieren sie einfach, ohne eine eigene Entscheidung zu treffen. Sie fallen um, weil sie *zuerst* von etwas getroffen wurden." Er hält einen Finger hoch. „Aber habt ihr bemerkt, dass ich eine Entscheidung treffen konnte – *freiwillig* –, um die Dominosteine zum Fallen zu bringen?"

Ein Werkzeug für deine Aktentasche

Benutze deinen gesunden Menschenverstand!

Manchmal braucht man Zeugen oder forensische Beweisstücke. Manchmal reichen der eigene gesunde Menschenverstand und die eigene Erfahrung aus, um zu erkennen, ob etwas wahr ist.

Frage dich: Weiß ich genug über das Thema, das ich untersuche, um meiner eigenen Erfahrung zu vertrauen? Wenn ja, vertraue deinen eigenen Schlussfolgerungen!

„Ich habe es nicht getan, weil zuerst etwas gegen *mich* gefallen ist. Ich habe einfach beschlossen, es aus eigenem Antrieb zu tun. Ich bin mehr als ein bloßes *materielles Objekt*; ich kann als *freier Agent* handeln.

„Wenn das Universum nur aus Raum, Zeit und Materie bestehen würde", fährt er fort, „dann wäre alles darin nur ein materielles Objekt der einen oder anderen Art, auch euer Gehirn. Und wenn das der Fall ist, könntet ihr keine freien Entscheidungen treffen, genauso wenig wie Dominosteine freie Entscheidungen treffen können. Jedes Mal, wenn du denkst, triffst du keine eigene Entscheidung. Du reagierst in Wirklichkeit nur auf etwas Materielles in deinem Gehirn, das ‚zuerst gegen dich gefallen ist'."

„Aber das haben wir heute nicht so erlebt", protestiert Hannah. „Wir wollten die Kiste ausgraben, aber wir haben es uns *wirklich* anders überlegt. Wir haben aufgehört. Wir haben darüber nachgedacht, darüber gesprochen und eine echte Entscheidung getroffen. Wir konnten das *selbst* bestimmen."

„Es klingt, als hättest du selbst den Beweis erbracht, dass das Universum mehr ist als nur Raum, Zeit und Materie – du hast den Beweis, dass das Universum nicht rein materieller Natur sein *kann.*" Jeffries wendet sich an die anderen Schüler. „Stimmen alle anderen zu? Könnt ihr euch an Zeiten erinnern, in denen ihr eure Meinung geändert oder eine eigene Entscheidung getroffen habt?"

„Meine Mutter sagt, ich ändere meine Meinung zu oft", sagt Daniel. „Vor allem, wenn ich mich in der Eisdiele entscheiden muss, welche Sorte ich haben möchte."

Jeffries lacht. „Wir alle treffen jeden Tag eigene Entscheidungen. Aber diese Art von Freiheit kann man nur ausüben, wenn es mehr als nur Raum, Zeit und Materie gibt."

„Gott könnte mehr möglich machen, nicht wahr?", fragt Hannah. „Er ist doch nicht durch Raum, Zeit und Materie begrenzt, oder? Wenn er uns so geschaffen hat, dass wir ihm ähnlich sind – mit einem Bewusstsein", sagt sie und erinnert sich an ihre Sitzung von letzter Woche, „würde das nicht erklären, warum wir frei denken können?"

„Ja", sagt Jeffries. „Die Tatsache, dass wir ‚freie Agenten' *innerhalb des Universums* sind, verrät uns etwas über das, was uns *außerhalb des Universums* verursacht hat. Die Ursache des Universums ist ein *freier Agent*, der in der Lage ist, andere freie Agenten zu erschaffen."

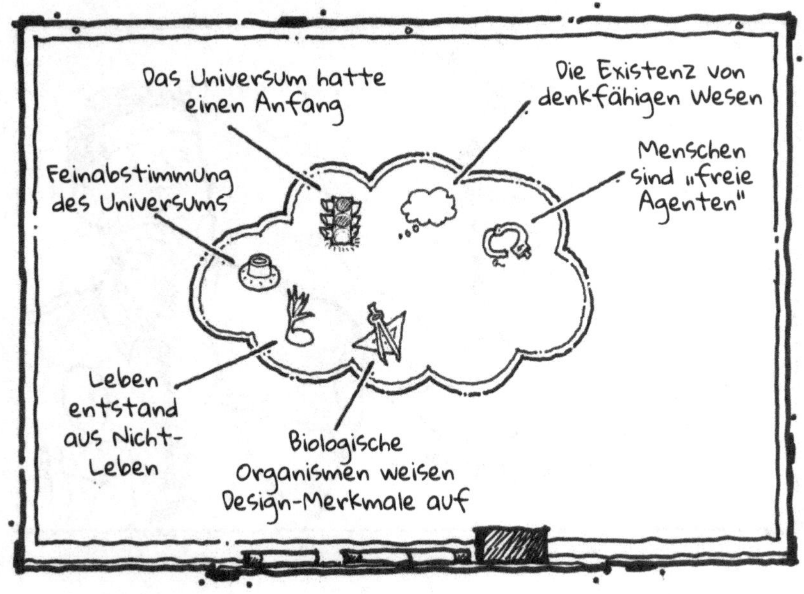

Detective Jeffries nimmt den Schuhkarton und gibt ihn Jason. „Das forensische Labor hat alle diese Gegenstände fotografiert, also gebe ich sie dir zurück. Du könntest diese Gartenschaufel benutzen, um die Metallkiste auszugraben." Jason stimmt aufgeregt zu.

„Unser Täterprofil ist fast fertig“, sagt Jeffries, „und ich glaube, wir werden unsere Rätsel sehr bald lösen. Ruft eure Eltern an und sagt ihnen, dass unsere Sitzung heute länger dauern wird! Sehen wir mal nach, was in der vergrabenen Metallkiste steckt.“

„Graben wir sie jetzt aus?"

Kapitel 7

Zwischen Richtig und Falsch wählen

Ist Moral mehr als bloße Meinung?

Jason hält den Schuhkarton fest in der Hand, als er mit Detective Jeffries und den anderen Schülern vom Polizeipräsidium nach Hause läuft. Als sie an Jasmins Haus vorbeikommen, rennt sie zu Jason.

„Graben wir sie jetzt aus?", fragt sie mit leuchtenden Augen. „Ich habe die ganze Zeit darauf gewartet, dass du endlich nach Hause kommst!"

„Ja", sagt Jason, „Detective Jeffries meint auch, dass die Kiste Teil unseres Rätsels sein könnte."

Jason läuft ins Haus, um mit seiner Großmutter zu reden, während Detective Jeffries an einige der Schüler

Polizeitaschenlampen verteilt. Kurze Zeit später kommt Jason zurück.

„Meine Oma telefoniert gerade, aber sie sagt, sie kommt gleich raus." Jason führt die Gruppe durch das Gartentor, und sie versammeln sich unter dem *Bloodgood*-Baum.

Die Abendluft ist frisch, und der Himmel wird langsam dunkel. Einer der Schüler beleuchtet mit seiner Taschenlampe das Blumenbeet.

„Da ist es", sagt Jasmin und beginnt, die Blumen zurückzuschieben, um die kleine Ecke der Kiste freizulegen.

„Mach die Blumen nicht kaputt", mahnt Hannah. „Wir haben doch gesagt, dass wir auf die Erlaubnis von Oma Miri warten würden, schon vergessen?"

„Wie lange braucht sie denn noch?", fragt Daniel.

„Bestimmt nicht lange", sagt Jason. Er merkt, dass einige der Schüler es kaum erwarten können, mit dem Graben anzufangen, besonders jetzt, wo sie die teilweise vergrabene Kiste sehen können. Er holt die kleine Schaufel aus dem Schuhkarton.

Simba gesellt sich zu der Gruppe und nähert sich dann dem vergrabenen Objekt. Er steckt eine Pfote in die Erde und drückt mit der Schnauze gegen die Kiste.

„Selbst Simba will nicht länger warten", sagt Jasmin.

Jeffries steht im Hintergrund und beobachtet alles genau. „Muss ich es wirklich sagen?"

„Gute Ermittler sind *geduldig!*", ruft einer der Schüler.

„Und dieses Mal gibt es einen weiteren Aspekt", sagt Jeffries. „Ihr habt alle eine wichtige moralische Wahrheit erkannt, während ihr auf Jasons Oma wartet. Es ist nicht in Ordnung, das Eigentum von jemandem – in diesem Fall ein Blumenbeet – ohne dessen Erlaubnis zu zerstören. Ich bin stolz auf euch. Ihr entscheidet euch dafür, das Richtige zu tun, auch wenn viele von euch lieber einfach ohne zu fragen loslegen würden."

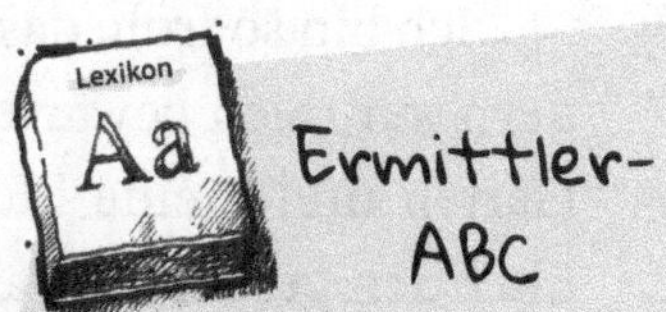

Verschiedene Gesetzesebenen

Es gibt eine Rangordnung von Regeln und Gesetzen, an die wir uns halten müssen. So gibt es zum Beispiel örtliche Parkverbote, vom Bundesland abhängige Regelungen für Schulen und Grundrechte, die für den ganzen Staat gelten.

Doch über alldem steht ein übergeordnetes Gesetz: das Gesetz Gottes.

In diesem Moment tritt Oma Miri auf die Terrasse und schaltet das Außenlicht ein. Im Garten wird es ein bisschen heller, aber die Schüler brauchen immer noch ihre Taschenlampen, um das Blumenbeet erkennen zu können.

„Danke, dass ihr auf mich gewartet habt", sagt sie, als sie sich den Schülern nähert. „Also, was soll der ganze Wirbel um mein Blumenbeet?"

Jason erklärt ihr alles, und Oma Miri schenkt ihm ihr typisches Lächeln.

„Ich bin so froh, dass du nicht einfach losgegraben hast, sondern auf mich gewartet hast. Jason weiß, wie sehr ich meinen Garten und meine Blumen liebe.“ Ihr liebevoller Blick streift über den gesamten Garten und bleibt dann an dem Beet unter dem *Bloodgood*-Baum hängen. „Versuch einfach, nicht zu viel Zerstörung anzurichten, wenn du dein Geheimnis ausgräbst!“, sagt sie und nimmt Simba auf den Arm.

Jason und Daniel graben mit der Schaufel und ihren Händen. Die anderen Schüler beugen sich dicht über sie und tun ihr Bestes, um die Stelle mit den Taschenlampen auszuleuchten. Es müssen nur ein paar Blumen entfernt werden, und innerhalb weniger Augenblicke haben sie eine kleine, solide Metallkiste freigelegt. Sie ist alt und rostig, mit einem Griff an der aufklappbaren Oberseite und einem Riegel.

„Sie sieht wirklich alt aus“, sagst du.

Jason wischt den Schmutz von der Kiste und sieht Jeffries an. „Soll ich sie öffnen?“, fragt er.

„Natürlich!“, ermuntert Jeffries.

Jason versucht, den Riegel zu öffnen, aber er ist blockiert. Das frustriert ihn offensichtlich, und er beginnt, den Deckel mit seiner Schaufel aufzuhebeln.

„Lass mal!“, sagt Jeffries. „Sie ist entweder verschlossen oder völlig eingerostet.“

„Oder beides“, unterbricht Jason.

„Oder beides“, stimmt Jeffries ihm zu. „Bringen wir sie zurück ins Labor. Dort haben wir alles, was wir brauchen, um das Schloss zu öffnen, und die Laborassistenten sind auch noch eine Stunde da.“ Die Schüler packen ihre Sachen zusammen, verabschieden sich von Oma Miri und gehen dann zum Gartentor.

„Darf ich mitkommen?“, fragt Jasmin.

„Klar“, sagt Jeffries. „Bitte einfach deine Eltern um Erlaubnis, wenn wir an deinem Haus vorbeikommen.“

Zurück auf dem Polizeirevier legt Jeffries die schmutzige Kiste auf das saubere weiße Papier auf dem Tisch des Untersuchungsraums. „Ich habe einen unserer Forensiker gebeten, uns etwas Lösungsmittel und ein Dietrich-Set zu bringen. Während wir warten, möchte ich mit euch über eure Entscheidung sprechen, das Blumenbeet von Oma Miri nicht ohne ihre Erlaubnis zu zerwühlen. Warum war das die *richtige* Entscheidung?“

„Weil Hannah gesagt hat, dass wir zuerst fragen sollten", erklärt Jasmin.

„War es deshalb das Richtige? Weil Hannah es gesagt hat?", fragt Jeffries und sieht Jasmin an. „Du warst doch anfangs gar nicht damit einverstanden, oder? Warum war *ihre* Meinung in dieser Sache wichtiger als *deine?*"

„Weil sie älter und stärker ist als ich ...?", überlegt Jasmin laut.

„Ich glaube, wir haben gerade einen *weiteren* Beweis innerhalb des Universums entdeckt: die Existenz echter moralischer Wahrheiten, die für *alle* gelten." Jeffries wendet sich dem Whiteboard zu und zeichnet ein Bild von Hannah.

„Die meisten Menschen haben ein Gespür dafür, was richtig und was falsch ist, auch wenn sie nicht wissen, woher diese Empfindung kommt. Wir wissen, dass es falsch ist, das

Eigentum eines anderen unerlaubt zu zerstören. Aber woher wissen wir, dass es falsch ist? Sind solche moralischen Wahrheiten nur eine Frage der persönlichen Meinung, so wie Hannahs Meinung über das Blumenbeet?“

„Vielleicht“, sagt Daniel.

„Warum war Hannahs Meinung wichtiger als die von Jasmin?“, fragt Jeffries. „War das wirklich nur, weil sie älter und stärker ist?“

„Nein“, sagt einer der Schüler. „Wenn das stimmen würde, dürften alle Schlägertypen der Welt bestimmen, was richtig oder falsch ist.“

Spurensicherung

Jeder von uns hat ein Empfinden dafür, was „richtig“ und „falsch“ ist. Das nennen wir Gewissen, aber woher kommt es? Der Bibel zufolge kennen wir moralische Wahrheiten, weil sie uns von Gott geschenkt wurden.

Lies Psalm 40,9: „Ich liebe es, zu tun, was dir gefällt, mein Gott, denn dein Gesetz nahm ich tief in mich auf!“

„Gutes Argument“, stimmt Jeffries zu, während er die Skizze von Hannah mit einem großen X durchstreicht. „Wir wissen also, dass moralische Wahrheiten nicht nur eine Frage der persönlichen Meinung sein können. Woher könnten moralische Werte sonst kommen?“

„Nun“, sagt Daniel, während er den Rest der im Untersuchungsraum versammelten Schüler ansieht, „Gesetze werden von der Regierung erlassen, richtig? Also kommen moralische Wahrheiten vielleicht von der Gruppe, zu der man gehört.“

„Gute Beobachtung, Daniel.“ Jeffries gibt sich Mühe, eine Gruppe von Schülern über seine Zeichnung von Hannah zu malen.

„Aber wenn Gruppen entscheiden dürfen, was richtig und falsch ist, was tun wir dann, wenn zwei Gruppen sich nicht auf eine moralische Wahrheit einigen können?“ Jeffries wartet auf eine Antwort.

„Wir kämpfen miteinander!“, ruft Daniel aus. Alle lachen.

„So lustig ist das nicht“, sagt Jeffries und wird für einen Moment ernst. „Die Geschichte ist voll von Beispielen, in denen Länder gegeneinander Krieg führten, weil sie etwas für moralisch richtig hielten.“

„Aber wenn es falsch ist, dass der Stärkste – der Schlägertyp – entscheidet, was richtig oder falsch ist“, sagt Jason, „wäre es dann nicht auch falsch, dass das größte oder stärkste Land entscheidet, was richtig oder falsch ist?“

Alle denken stillschweigend darüber nach.

Jeffries bricht das Schweigen. „Ich möchte das mit einem erfundenen Beispiel beantworten: Wenn das stärkste Land der Welt sagen würde, dass es in Ordnung ist, Menschen zum Spaß zu versklaven, wäre es dann moralisch richtig, Menschen zu versklaven?"

„Nein", sagt Hannah. „Es ist nicht richtig, Menschen zu versklaven, egal, in welchem Land man lebt."

„Okay", sagt Jeffries, während er mit einem weiteren großen X seine Zeichnung der Gruppe durchstreicht. „Moralische Wahrheiten sind nicht die Meinungen von *Menschen* oder *Ländern*. Woher stammen sie dann?"

„Vielleicht ist etwas moralisch wahr, weil alle auf dem Planeten dieser Meinung sind", sagt einer der Schüler.

Jeffries zeichnet nun eine Skizze der Erde über seine Zeichnungen von Hannah und der Gruppe. „Okay, lasst uns diese Idee überprüfen", sagt er, während er ein seltsam aussehendes Wesen auf die Tafel zeichnet.

Er wendet sich an die Schüler und sagt: „Jetzt lassen wir mal unsere Science-Fiction-Fantasie spielen. Stellt euch vor, wir könnten in den Weltraum reisen und würden auf einer anderen Welt intelligente Lebewesen entdecken." Dann zeigt er auf die Kreatur. „Wäre es in Ordnung, das Eigentum der Außerirdischen zu zerstören, ohne sie zu fragen? Meint ihr, sie fänden das in Ordnung?"

„Nein", sagt Daniel, „das würde ihnen wahrscheinlich nicht gefallen, und der sieht aus, als könnte er uns fressen!" Die Schüler lachen, als Jeffries ein X durch seine Zeichnung der Erde und des Außerirdischen macht.

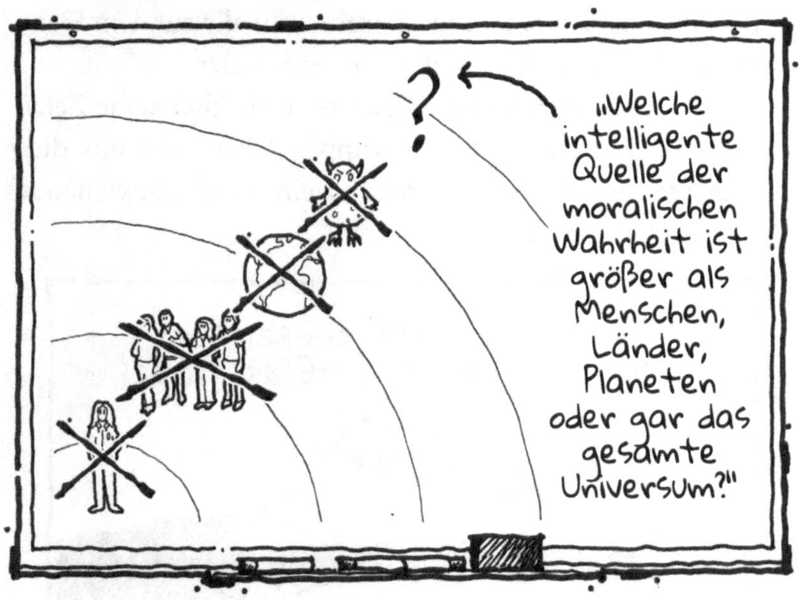

„Moralische Wahrheiten stammen nicht von Personen. Dafür sind sie einfach zu allumfassend. Und moralische

Wahrheiten stammen auch nicht von Ländern – oder gar von Planeten mit unterschiedlichen Spezies. Sie sind auch größer als diese Dinge. Woher kommen sie also? Welche intelligente Quelle der moralischen Wahrheit ist größer als Menschen, Länder, Planeten oder gar das gesamte Universum?"

Hannah sieht sich im Raum um und wartet darauf, dass jemand anderes antwortet. „Ich weiß es", sagt sie schließlich.

„Gott?", fragt Jason, bevor Hannah weitersprechen kann.

„Na ja", fährt sie fort, „Er *ist* größer als all diese Gruppen … Vielleicht sind wir uns deshalb alle einig, dass es nicht in Ordnung ist, Dinge zu zerstören, ohne zu fragen – weil wir *alle* in einem Universum leben, das von Gott geschaffen wurde."

„Ich glaube, ihr seid auf der richtigen Spur", sagt Jeffries. Er zeichnet schnell die altbekannte Skizze des Universums. „Wir haben einen weiteren wichtigen Beweis innerhalb des Universums entdeckt: die Existenz von moralischen Wahrheiten, die für alle gelten." Er fügt dies zu seiner Zeichnung hinzu. „Aber diese Wahrheiten stammen nicht aus dem Inneren des Universums – von Menschen, Ländern oder sogar ganzen Planeten. Sie haben ihren Ursprung in etwas, das größer ist als alles im Universum."

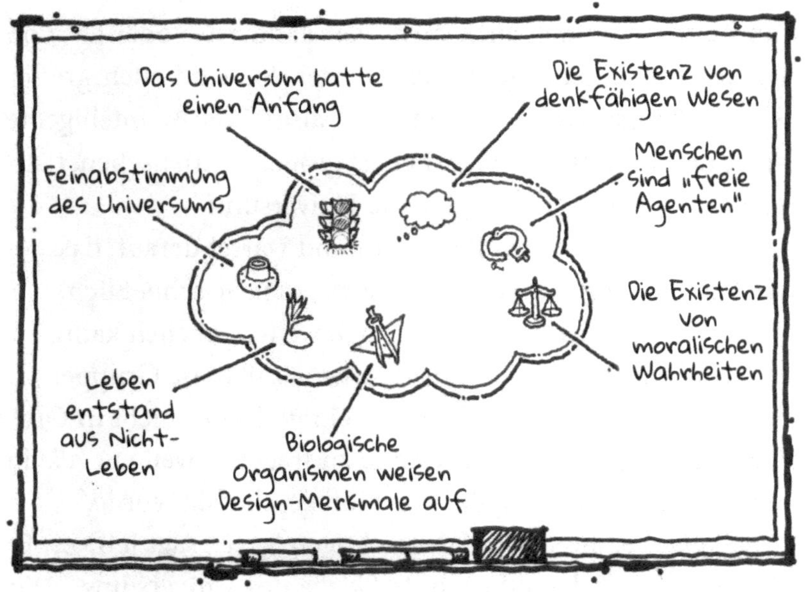

„Wer oder was auch immer das Universum aus dem Nichts entstehen ließ, es für das Leben abgestimmt hat und lebende Organismen erschaffen hat, diese Ursache ist auch die Quelle aller moralischen Wahrheiten."

Bevor Detective Jeffries mehr sagen kann, klopft eine Forensikerin an die Tür des Untersuchungsraums. Sie übergibt Jeffries ein Glas mit Lösungsmittel und ein Dietrich-Set.

Die Schüler stellen sich um den Tisch. Detective Jeffries zieht sich ein Paar Einmalhandschuhe an und bestreicht den Bereich um das Schloss herum. Der Rost um das Schloss beginnt zu schäumen und zu zischeln. Dann öffnet Jeffries die Mappe mit den Dietrichen und legt eine Reihe von Drahtwerkzeugen frei, die alle leicht gebogen und unterschiedlich dick sind.

„Jetzt kann ich euch meine Spionagekünste zeigen“, sagt er scherzhaft. Er steckt einen langen Dietrich in das Schloss der Kiste, dann einen kürzeren daneben. Jeffries dreht die beiden Dietriche vorsichtig, bis ein metallisches Klicken zu hören ist. Der Deckel der Kiste springt auf.

Die Schüler reißen staunend die Augen auf. Detective Jeffries übergibt die Kiste an Jason, der sie aufgeregt öffnet und den Inhalt präsentiert. In der Schachtel befindet sich ein einzelnes Stück Papier. Jason nimmt es heraus, faltet es auseinander und liest es laut vor:

Ein Werkzeug für deine Aktentasche

Mach dich mit dem Gesetz vertraut!

Ermittler müssen die Gesetze kennen, um zu erkennen, ob jemand dagegen verstoßen hat. Wenn du dich als Ermittler bezeichnest, aber die Gesetze nicht kennst, bist du es nur dem Namen nach.

Wenn du Christ bist, musst du das Gesetz Gottes gut kennen, wenn du kein reiner Namenschrist sein willst

Jason, du bist ein guter Ermittler! Ich hoffe, du hattest Spaß bei dieser Schatzsuche. Jetzt geh in mein Arbeitszimmer und suche in der zweiten Schublade nach einem Geschenk, das für dich ist!

Alle warten darauf, dass Jason etwas sagt. Er beginnt, langsam zu grinsen, und sagt dann zu den anderen Schülern: „Kommt, jetzt wollen wir noch dieses Rätsel lösen!“

„Ich gehe nicht sehr oft in dieses Zimmer."

Kapitel 8

Die gute Nachricht angesichts schlechter Dinge

Kann es Gott und das Böse geben?

Alle eilen zurück zu Jasons Haus. Auf dem Weg erzählt Jason den Schülern und Detective Jeffries von Opa Rens Arbeitszimmer.

„Ich gehe nicht sehr oft in dieses Zimmer", sagt er. „Oma will, dass alles so bleibt, wie es noch zu Opas Lebzeiten war. Sie nennt ihn ihren ‚Ort der Erinnerungen'."

Als sie ankommen, versammelt Jason die Schüler im Wohnzimmer und zeigt seiner Großmutter den Zettel, den sie in der Metallkiste gefunden haben. Behutsam bittet er sie um Erlaubnis, Opas Arbeitszimmer zu betreten.

Sie zögert einen Moment. „Dieser Ort ist für mich der glücklichste *und* der traurigste. Dein Großvater war erst fünfzig, als

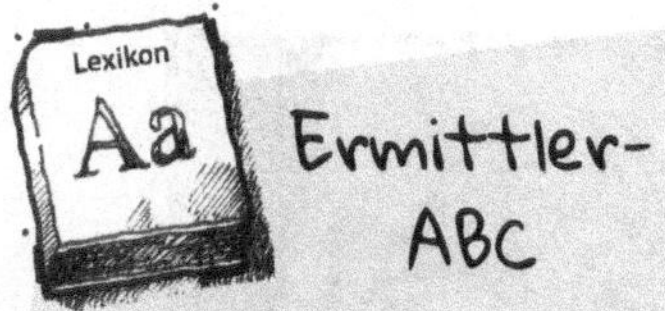

Be- und entlastende Beweise:
Die Beweise, die Ermittler verwenden, um zu beweisen, dass ein Verdächtiger ein Verbrechen begangen hat, werden als *belastende* Beweise bezeichnet, und Beweise, die darauf hindeuten, dass ein Verdächtiger das Verbrechen nicht begangen hat, werden als *entlastende* Beweise bezeichnet.

Manche Menschen glauben, dass Schmerzen und Leid entlastende Beweise sind, die die Existenz Gottes widerlegen, aber stimmt das?

der Arzt uns die Krebs-Diagnose mitteilte.“ Während sie spricht, springt Simba auf ihren Schoß, als wolle er sie trösten.

„Ein Jahr lang hat er tapfer gekämpft“, sagt sie. „Er hatte ständig Schmerzen. Als er nicht mehr da war, habe ich tagelang geweint, aber ich war auch dankbar, dass sein Leiden vorbei war.“

Hannah nimmt Oma Miri in den Arm.

Jason fügt hinzu: „Mom und Dad waren bereits bei einem Autounfall ums Leben gekommen ...“ Ohne etwas Weiteres zu sagen, führt Oma Miri sie den Flur entlang zu Rens Arbeitszimmer, einem tadellos aufgeräumten Zimmer voller Bücher und Bilder. Alles hat einen bestimmten Platz, und das Zimmer wirkt ein bisschen wie ein Museum von Rens Leben.

„Diesen Schreibtisch hat Ren von seinem Vater geerbt“, sagt Oma Miri. „Er hat ihn stets in Ehren gehalten.“ Der Schreibtisch ist alt, aber sehr schön, mit drei Schubladen auf der rechten Seite.

Jason geht zum Schreibtisch und öffnet die zweite Schublade. Sie ist fast leer, bis auf eine große, in Leder gebundene

Bibel. Jason nimmt sie in die Hand, und dabei fällt ein Stück Papier heraus.

Er hebt das Papier auf und liest es den anderen Schülern langsam vor:

Jason, dies ist die Bibel, die ich während meiner Zeit in der Bibelschule benutzte. Ich hatte mich für dieses Studium entschieden, weil ich mehr über Gott erfahren wollte, und nach meinem Abschluss diente ich sogar noch einige Jahre vollzeitlich in einer Gemeinde.

Ich hoffe, dass Du diese Bibel genauso wertvoll finden wirst wie ich. Sie ist die Quelle aller Wahrheit.

Nimm nun die Lupe und guck dir den Ring, den Du im Schuhkarton gefunden hast, genauer an! Ich möchte ihn Dir schenken. Diesen Ring habe ich zu meiner Examensfeier bekommen, und er soll Dich daran erinnern, dass Gott gut ist, auch in schwierigen Zeiten. Ich hoffe so sehr, dass auch Du ein Teil der Familie Gottes sein möchtest. Ich wünschte, ich hätte lange genug leben können, um ihn Dir persönlich zu geben.

Ich habe Dich lieb!

Dein Opa.

„Das muss er kurz vor seinem Tod geschrieben haben“, sagt Großmutter Miri und lächelt durch ihre Tränen.

Jason nimmt das Vergrößerungsglas heraus und untersucht den Ring mit dir, so wie ihr es im forensischen Labor getan habt.

„Ich sehe nur Buchstaben – GGS“, sagst du.

Oma Miri lächelt und nickt. „Golden Gate Seminar ...“

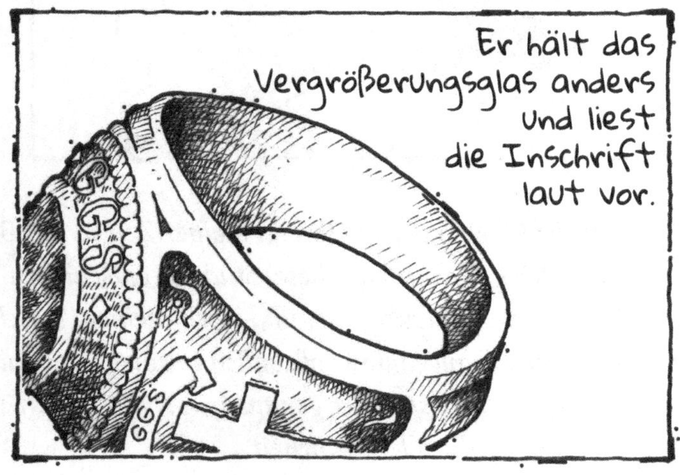

„Warte“, sagt Jason. „Da steht etwas auf der Innenseite des Ringes.“ Er hält das Vergrößerungsglas anders und liest die Inschrift laut vor: *„Johannes 3,16. Ich habe Dich lieb, Jason.“*

Jason hält einen Moment inne. „Oma", fragt er, „warum hast du mir nie erzählt, dass Opa Christ war oder dass er zur Bibelschule gegangen ist und in einer Gemeinde gedient hat? Warum haben wir *nie* über Gott gesprochen?"

Jasons Großmutter sitzt ruhig auf dem Stuhl neben dem Schreibtisch und guckt auf ihre Hände hinunter, in denen sie den Brief von Ren hält. „Als ich so viele Menschen verlor, die ich liebte, wandte ich mich von Gott ab", sagt sie. „Mein Glaube war zerbrochen. Ren hat immer gesagt, dass *Gott die Liebe ist*, aber das konnte ich nicht mehr akzeptieren. Ich habe einfach aufgehört, an Gott zu glauben."

Jason sagt nichts.

Großmutter Miri redet weiter: „Aber Ren hat nie aufgehört zu glauben, trotz all seiner Schmerzen und seines Leids. Er war unglaublich mutig und empfand Frieden über all das. Er war davon überzeugt, dass es Gott gibt und dass Gott ihn liebt ... Ich war mir da nicht mehr so sicher." Sie berührt sanft den Ring. „Aber ich denke, Ren wollte, dass du von Gott erfährst, damit du dir eine *eigene* Meinung bilden kannst."

Auf dem Rückweg zum Polizeipräsidium herrscht Schweigen. Jeder denkt darüber nach, was gerade passiert ist. Detective Jeffries aktualisiert seine Zeichnungen und Aufzählungen auf dem Whiteboard.

„Wir haben heute eine Menge gelernt, nicht wahr?", sagt er und unterbricht die Stille. Alle stimmen ihm zu. Langsam weicht die Spannung, und sie beginnen zu reden. Jason steht auf und geht auf die Zeichnung des Universums zu.

„Vorhin haben Sie behauptet, dass alle Beweise im Universum auf Gott hindeuten", sagt er, während er sich die Zeichnung ansieht. „Aber im Universum passieren schlimme Dinge. Die Menschen, die mir am nächsten standen, sind alle gestorben, bevor ich sie jemals richtig kennenlernen konnte. Wie kann man glauben, dass es Gott wirklich gibt, wenn täglich solche Dinge passieren?"

Alle hören auf zu reden. Jeffries geht zu Jason hinüber, führt ihn zu einem Platz in der vorderen Reihe und bittet alle anderen Schüler, zu ihnen an den Tisch zu kommen.

„Viele Menschen haben sich schon gefragt, warum ein allmächtiger, allliebender Gott das Böse im Universum zulässt", sagt Jeffries zu den Schülern. Er wendet sich an Jason. „Und vielen Leute wie Oma Miri fällt es schwer, an Gott zu glauben, wenn schlimme Dinge in ihrem Leben passieren."

Jason nickt zustimmend.

„Aber was ist, wenn das Leben aus mehr besteht als nur aus dem, was uns hier im Universum widerfährt? Das könnte erklären, warum Gott zulässt, dass Dinge passieren – sogar sehr schlimme Dinge."

Jeffries bittet Jason um die Bibel seines Großvaters und schlägt sie im Johannesevangelium auf. „Lesen wir die Stelle, die dein Großvater auf der Innenseite seines Rings eingraviert hat: Johannes 3,16 ..."

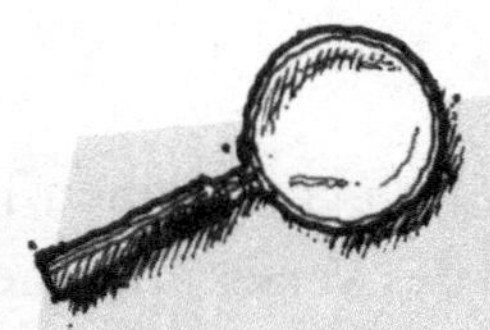

Spurensicherung

Wenn etwas Schlimmes passiert, fragen wir uns oft, warum Gott das zulässt, aber die Bibel lehrt uns, dass Gott alle Umstände in unserem Leben, auch die schwierigen, nutzt, um etwas Gutes zu schaffen.

Lies Römer 8,28: „Wir wissen aber, dass Gott bei denen, die ihn lieben, alles zum Guten mitwirken lässt, also bei denen, die er nach seinem freien Entschluss berufen hat."

Denn so hat Gott der Welt seine Liebe gezeigt: Er gab seinen einzigen Sohn, damit jeder, der an ihn glaubt, nicht ins Verderben geht, sondern ewiges Leben hat.

„Ich möchte euch auf zwei Dinge in diesem Abschnitt aufmerksam machen", sagt Jeffries. „Erstens wird etwas sehr Wichtiges gesagt: Gott liebt die Welt. Er liebt *dich,* Jason, und deine Familie."

„Warum hat er dann zugelassen, dass die Menschen in meiner Familie gestorben sind?", fragt Jason.

„Ich glaube, einen Teil der Antwort kann man in dem letzten Teil des Verses erkennen: Wer an Gott glaubt, hat *ewiges Leben.*"

„Was heißt das denn, *ewiges Leben* zu haben?", fragt Daniel.

„Laut der Bibel", antwortet Jeffries, „sind wir nicht nur körperliche Wesen, die für eine kurze Zeit im Universum leben. Wir sind lebendige Seelen, und wir werden auch nach unserem irdischen Tod in alle Ewigkeit weiterleben. Hoffentlich im Himmel."

Jason schaut immer noch skeptisch drein. „Wollen Sie damit sagen, dass mein Opa nicht wirklich tot ist?"

„Das Leben deines Großvaters auf der Erde ist vorbei, aber die Bibel sagt, dass seine Seele bei Gott weiterlebt, sogar *jetzt,* weil er an Jesus geglaubt hat. In der Bibel steht außerdem, dass du deinen Opa wiedersehen kannst, wenn du ebenfalls an Jesus glaubst, weil der echte Opa, *die lebendige Seele,* die du als Ren kennst, nach deinem Tod auf dich wartet."

„Meine Cousine ist gestorben, als ich noch klein war", sagt Hannah. „Und ich kann es kaum erwarten, sie wiederzusehen."

Jason sieht immer noch nicht überzeugt aus. „Aber das erklärt nicht, warum mein Opa ausgerechnet *so* sterben musste. Oma Miri sagte, er hatte jeden Tag Schmerzen. Das kommt mir einfach falsch vor – und grausam."

Alle sehen Detective Jeffries an. Jasons Frage ist gut – auch du fragst dich, warum Gott Opa Ren so sehr hat leiden lassen. Jeffries holt tief Luft und sagt: „Diese Frage ist wirklich nicht so einfach zu beantworten. Aber habt ihr gehört, was Oma Miri über die Art und Weise gesagt hat, *wie* dein Opa auf den Krebs reagiert hat?"

„Was meinen Sie?“, fragt Jason.

„Deine Großmutter hat gesagt, dass dein Opa unglaublich mutig war und Frieden empfunden hat“, sagt Jeffries. „Er scheint ein großartiger Mann gewesen zu sein, und ich wette, alle hier bewundern seinen Mut.“

Alle Schüler nicken und sagen Jason, wie mutig sie seinen Großvater finden.

„Alle sind sich einig, dass Mut eine gute Sache ist“, fährt Jeffries fort. „Wir wollen mehr davon in unserer Welt sehen, nicht weniger. Wir wollen auch mehr Mitgefühl, Vergebung und Wohltätigkeit, oder?“

„Klar“, sagt Jason.

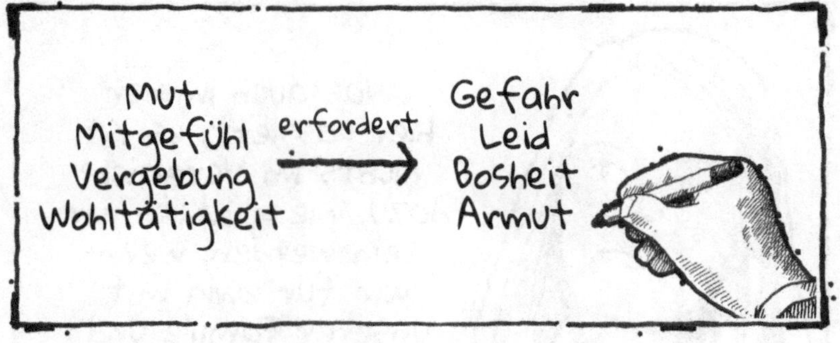

„Aber wenn Gott diese *guten* Eigenschaften in uns allen entwickeln möchte“, sagt Jeffries, „dann muss er auch zulassen, dass *schlechte* Dinge passieren. Man kann nicht *mutig* sein, wenn man keiner *Gefahr* ins Auge blickt. *Mitfühlend* kann man nur sein, wenn man auf *Leid* reagiert. Man kann nicht *vergeben*, wenn einem nichts *Böses* angetan wurde. Man kann nicht *wohltätig* sein, wenn es keine *Armut* gibt.“

Jason sieht aus, als wüsste er immer noch nicht, was er davon halten sollte.

„Lass es mich so sagen“, versucht Jeffries erneut. „Wenn Gott möchte, dass es diese *guten* Dinge gibt – Mut, Mitgefühl, Vergebung und Wohltätigkeit –, dann muss er diese *schlechten* Dinge zulassen: Gefahr, Leid, böses Verhalten und Armut. Und vielleicht lässt er zu, dass diese schlechten Dinge während unseres kurzen Lebens im Universum geschehen, weil er weiß, dass wir ein wunderbares *ewiges Leben* haben können.“

„Was auch immer hier passiert“, fügt Hannah hinzu, „es ist nichts im Vergleich dazu, wie glücklich wir sein werden, wenn wir für *ewig* mit unserer Familie und Gott wiedervereint sind.“

„Das stimmt“, sagt Jeffries.

„Ich weiß nicht …“, sagt Jason. „Das ist eine Menge, über das ich nachdenken muss.“

„Ich möchte noch eine Sache hinzufügen", sagt Jeffries, während er aufsteht und sich der Tafel nähert. „Du sagtest, du fändest es ‚falsch', dass dein Großvater so qualvoll sterben musste, und ich stimme dir zu. Aber als du sagtest, es sei falsch, meintest du damit, dass es wirklich falsch war, oder dass es *deiner Meinung* nach falsch war?"

„Das erinnert mich an unsere Diskussion über moralische Wahrheit", erinnert sich Daniel.

„Genau", bestätigt Jeffries. „Richtig und falsch, gut und schlecht – sind das nur Meinungen, die Menschen, Länder oder Planeten haben, oder geht es um mehr als das?"

„Na ja, ich glaube nicht, dass es nur eine Meinung ist …", sagt Jason.

„Wenn es nicht nur eine Meinung ist", sagt Jeffries, „wenn es mehr als das ist, dann braucht es einen Maßstab des Guten, der sich nicht ändert – im Gegensatz zu Meinungen."

„Gott ist ein Maßstab für das Gute", sagt Hannah. „Und ich habe in der Gemeinde gelernt, dass er sich nicht ändert, auch wenn sich unsere Meinungen über Dinge *ändern.*" Jeffries stimmt dem zu und fügt dies als letztes Beweisstück in sein Diagramm des Universums ein.

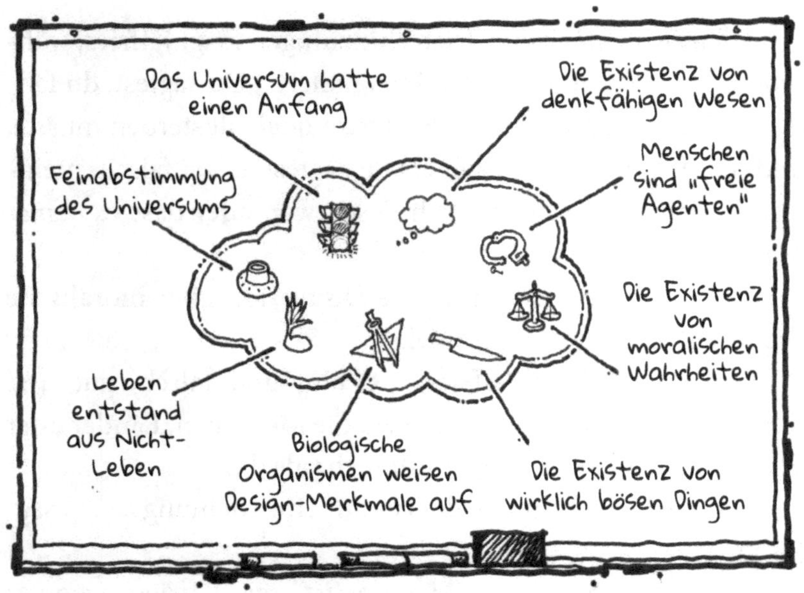

Detective Jeffries eröffnet das Abschlussgespräch des Tages mit einer Frage: „Wenn wir uns darüber beschweren, dass uns etwas falsch oder schlecht erscheint, tun wir das, weil wir einen Standard dafür haben, was wir als *gut und richtig* empfinden. Woher kommt dieser Standard des Guten?"

„Gott", sagt Jason. Er scheint von seiner eigenen Antwort überrascht zu sein.

Jeffries lächelt. „Das Vorhandensein des Bösen im Universum", sagt er und zeigt auf die Zeichnung, „ist eigentlich ein Beweis dafür, dass Gott wirklich existiert, denn ohne Gott gäbe es keine sinnvolle Grundlage, um etwas als böse zu bezeichnen. Ohne Gott als Maßstab sind Gut und Böse nur reine Ansichtssache."

Jeffries wendet sich an die Schüler. „Wir haben heute eine Menge erreicht. Geht jetzt nach Hause. Nächste Woche sehen wir uns wieder. Ich denke, wir werden diese beiden Fälle rechtzeitig mit dem Ende des Kurses für Sonderermittlungen abschließen können."

Ein Werkzeug für deine Aktentasche

Teste deine Schlussfolgerungen!

Ermittler scheuen sich nicht, ihre Schlussfolgerungen zu überprüfen, indem sie alle möglichen Erklärungen für die gesammelten Spuren untersuchen. Sie wollen sicherstellen, dass unsere Schlussfolgerungen wahr sind.

Vielleicht hörst du verschiedene Erklärungen für die acht Beweisstücke im Universum. Lass dich davon nicht überraschen! Wenn du diese verschiedenen Erklärungen untersuchst, wirst du feststellen, dass die christliche Erklärung die wahre ist.

Jason und seine Großmutter legen Blumen auf Opas Grab.

Nachwort

Rätsel gelöst

Jason und seine Großmutter legen Blumen auf Opas Grab. Danach setzt sich Jason auf den Boden und beginnt zu sprechen.

„Oma, Opa hat mir viel mitgegeben, auch wenn er nicht hier war. Jetzt möchte ich dir etwas sagen. Wir lesen ja zusammen in Opas Bibel. Im Johannesevangelium haben wir viel über Jesus gelernt. Ich fange an, die Dinge anders zu sehen. Ich habe nie geglaubt, dass Gott existiert, aber ich habe meine Meinung geändert, genau wie Opa es geahnt hat. Ich hab Opa lieb."

Als sie sich zum Gehen wenden, sagt Jason: „Ich habe eine Entscheidung getroffen – eine große."

„Ich auch", sagt Oma.

Beim letzten Treffen des Kurses für Sonderermittlungen ruft Jeffries jeden Schüler auf, um ihm sein Diplom zu überreichen.

„In diesem Kurs", sagt Jeffries, „habt ihr viele neue kriminalistische Fähigkeiten gelernt. Wir haben das Rätsel des Schuhkartons gelöst, und wir haben sogar die Beweise im Universum untersucht." Jeffries lächelt die Gruppe der Schüler an. „Ihr habt alle großartige Arbeit geleistet", sagt er aufrichtig.

Jeffries wendet sich ein letztes Mal dem Whiteboard zu und skizziert den Schuhkarton und das Universum. Zuerst zeigt er auf seine Zeichnung des Schuhkartons.

„Wir haben den Schuhkarton untersucht und sind zu dem Schluss gekommen, dass die Beweise im *Inneren* des Kartons am besten dadurch erklärt werden können, dass sie von jemandem *außerhalb* des Kartons hineingelegt wurden – nämlich von Jasons Opa."

„Die Briefe, die er uns hinterlassen hat, haben uns ein wenig dabei geholfen", bemerkt Daniel.

„Das stimmt", sagt Jeffries und zeigt auf die Zeichnung des Universums. „Wir haben auch das Universum untersucht und sind zu dem Schluss gekommen, dass die Beweise *innerhalb des Kosmos* am ehesten von jemandem stammen, der *außerhalb* ist – nämlich von Gott."

„Wir hätten die Botschaft benutzen können, die *Er* uns hinterlassen hat", sagt Hannah und zeigt auf die Bibel von Opa Ren, die neben Jason auf dem Tisch liegt.

„Ha!“, lacht Detective Jeffries. „Ja, ich denke, das hätten wir tun können; Gott hat in der Bibel viel darüber zu sagen, wie er das Universum erschaffen und welche Feinabstimmung er gewählt hat. Aber ich wollte, dass ihr das Universum wie einen Tatort untersucht, ohne die Bibel zu benutzen. Ich wollte, dass ihr versteht, warum Gott sagt, dass jeder an seine Existenz glauben soll, auch wenn man keine Bibel hat. In einem Brief an die Christen in Rom schrieb der Apostel Paulus: ‚Seine unsichtbare Wirklichkeit, seine ewige Macht und göttliche Majestät sind nämlich seit Erschaffung der Welt in seinen Werken zu erkennen. Die Menschen haben also keine Entschuldigung.‘“

Jeffries zeigt auf das Täterprofil.

Täterprofil

1. War die Ursache für den Anfang des Universums
2. Besteht nicht aus Raum, Zeit oder Materie
3. Ist mächtig genug, alles im Universum aus dem Nichts zu erschaffen
4. Sorgte für eine Feinabstimmung des Universums, weil er ein Ziel verfolgte - die Existenz von Leben
5. Ist intelligent und kann kommunizieren
6. Ist ein kreativer Designer
7. Hat einen Verstand und ist in der Lage, Wesen mit einem Verstand zu erschaffen
8. Ist ein freier Agent und in der Lage, andere freie Agenten zu erschaffen
9. Ist die Quelle aller moralischer Wahrheit
10. Ist der Standard des Guten, anhand dessen wir Böses beurteilen können

„Jeder sollte erkennen, dass Gott existiert. Allein aufgrund der Beweise, die man im Universum findet. Durch unsere Untersuchungen wissen wir eine Menge über Gott, auch *ohne* sein Buch, das er für uns geschrieben hat.“

Jeffries legt seinen Stift weg und sieht Jason an. „Aber jetzt, wo du eine Bibel hast, Jason, kannst du noch mehr lernen.“

„Was das angeht …“, sagt Jason, als sich alle in seine Richtung drehen. „Im ersten Kurs haben wir etwas über Jesus gelernt und was die Bibel über ihn sagt. Ich will ehrlich sein – als wir fertig waren, wäre ich fast Christ geworden.“

„Und warum nur fast?“, fragt Hannah.

„Ich schätze, dafür gab es mehrere Gründe. Manchmal fällt es mir immer noch schwer, an Wunder zu glauben, und in der Bibel gibt es eine ganze Reihe davon. Aber ich war auch … wütend, denke ich. Wütend, dass meine Eltern und mein Großvater gestorben sind. Und ich dachte, wenn es einen Gott gibt, dann bin ich *wütend auf ihn*.“

Die Schüler hören aufmerksam zu.

Jason fährt fort: „Aber dieser Kurs hat mir geholfen, meine Meinung zu ändern. Wenn Gott alles im Universum aus dem Nichts erschaffen kann, dann kann er auch mit Leichtigkeit Jesus aus dem Grab auferwecken und all die anderen Wunder tun, die in der Bibel beschrieben werden."

„Es ist einfacher, über Wasser zu gehen, als das gesamte Universum zu erschaffen", kommentiert Hannah eines der berühmtesten Wunder von Jesus.

Jason lacht. „Ja, und ich glaube, unser Gespräch über das Böse hat mir geholfen zu verstehen, warum Gott es zuließ, dass mein Großvater auf diese Weise starb. Wenn das alles nicht so passiert wäre, wer weiß, ob ich die Bibel ernst genommen hätte?"

„Was meinst du, Jason?", fragt Jeffries.

„Oma und ich haben uns unterhalten, und wir denken, dass Gott vielleicht alles in unserem Leben benutzt hat, um etwas *Gutes* zu tun. Meine Eltern und mein Opa haben nie aufgehört, an Jesus zu glauben, und Opa hat einen Weg gefunden, mich auf die Bibel aufmerksam zu machen. Gott hat sich all die Jahre um uns gekümmert, auch ohne Opa Ren – und wir beide haben viel, wofür wir dankbar sein können.

Ein breites Lächeln breitet sich langsam auf Detective Jeffries' Gesicht aus.

„Wir haben diese Woche eine Entscheidung getroffen", sagt Jason. „Opa hat gemeint, dass ich meine Meinung ändern muss, und jetzt verstehe ich, was er damit gemeint hat. Oma und ich haben unsere Meinung über *zwei* Dinge geändert."

„Erzähl weiter!", ermutigt ihn Jeffries.

„Wir haben unsere Meinung über Gott geändert. Wir glauben jetzt, dass es ihn gibt, und wir wissen, dass Jesus Gott ist."

„Das ist die *eine* Veränderung", sagt Jeffries. „Was ist die andere?"

„Nachdem wir gelesen haben, was in der Bibel steht", fährt Jason fort, „denken wir, dass wir unsere Meinung über *uns* ändern müssen."

„Das verstehe ich nicht", sagt Daniel. „Was meinst du?"

„Ich dachte immer, dass ich im Grunde ein guter Mensch bin", beginnt Jason. „Aber dann habe ich über Jesus gelesen. Je mehr ich lese, desto mehr wird mir klar, dass ich weit davon entfernt bin, perfekt zu sein. In Wirklichkeit bin ich nicht einmal besonders *gut.*"

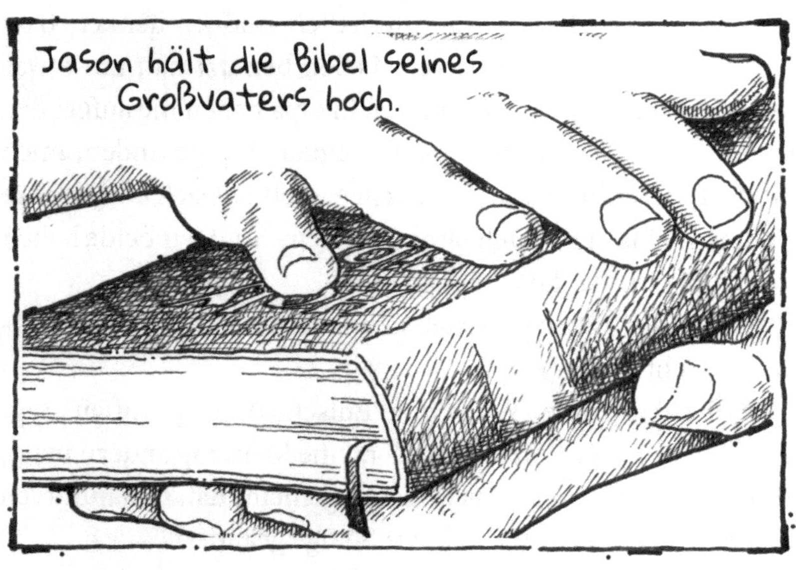

Jason hält die Bibel seines Großvaters hoch. „Hier steht ein Wort drin: Sünde. Ich hatte das schon mal gehört, aber *jetzt* verstehe ich es. Gott hatte uns ursprünglich so geschaffen, dass wir *perfekt* sind, dass wir keine Fehler haben, aber so sind wir nicht mehr. Wir sind … *rebellisch.* Wir wollen die Dinge auf unsere Art machen und nicht auf Gottes Art. Es sind nicht nur die Dinge, die wir *tun*, es sind sogar die Dinge, die wir *denken.*"

Jason sieht Detective Jeffries an. „Sie haben darüber gesprochen, als wir das Universum untersucht haben. Gott ist der perfekte Maßstab des Guten. Wir sind es nicht. Wir sind alle *unvollkommen.* Es ist also logisch, dass wir dieses Problem lösen müssen, wenn wir für immer mit ihm leben wollen."

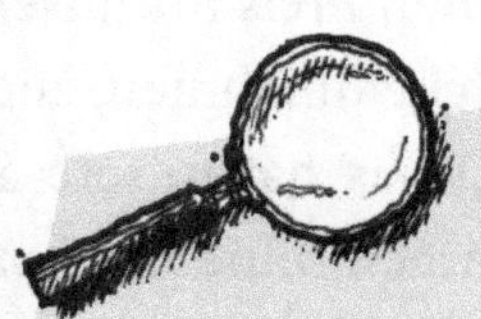

Spurensicherung

Gott bietet uns das ewige Leben umsonst an, wenn wir einfach zugeben, dass wir einen Retter brauchen, und das annehmen, was Jesus am Kreuz für uns getan hat. Lies Römer 10,9-10: „Wenn du mit deinem Mund bekennst, dass Jesus der Herr ist, und in deinem Herzen glaubst, dass Gott ihn aus den Toten auferweckt hat, wirst du gerettet werden. Denn man wird für gerecht erklärt, wenn man mit dem Herzen glaubt, man wird gerettet, wenn man seinen Glauben mit dem Mund bekennt."

„Du hast also beschlossen, perfekt zu sein?", fragt Daniel. Er will sich nicht über Jason lustig machen, sondern scheint ihn nur verstehen zu wollen.

„Nein", sagt Jason. „Ich weiß, dass ich nie perfekt sein kann. Aber Gott hat eine Lösung. Deshalb glaube ich, dass mein Großvater wollte, dass ich Johannes 3,16 lese. Gott kam als der Mensch

Jesus auf die Welt. Er lebte ein *perfektes* Leben, aber er wurde getötet, so als hätte er alle Sünden der Welt begangen. Wenn wir an ihn glauben und daran, dass er am Kreuz gestorben ist, um den Preis für unsere Sünden zu bezahlen, wird Gott *uns* als perfekt annehmen, auch wenn wir es nicht sind."

„Jesus hat unsere *Strafe* auf sich genommen, und wir bekommen seine *Belohnung* – und müssen nichts hinzutun", fügt Jeffries hinzu.

„Diese Woche", sagt Jason, „gehen meine Großmutter und ich in einen Gottesdienst. Für mich wird es das erste Mal sein und für sie das erste Mal seit vielen Jahren. Wir wollen allen erzählen, dass wir Christen sind – und wir wollen mehr über Jesus erfahren."

Jason nimmt den Ring seines Großvaters aus der Tasche und steckt ihn sich an den Finger. Er sitzt ziemlich locker. „Und eines Tages möchte ich mir auch einen Ring wie diesen verdienen."

Der Detektiv legt Jason die Hand auf die Schulter und sagt: „Ich glaube, du wirst diese Chance bekommen, Jason – und viele andere Chancen. Du bist auf dem besten Weg, ein guter Ermittler zu werden, und deine investigativen Fähigkeiten werden dir auf deinem Weg helfen."

Arbeitsblätter

Kapitel 1: Wie ist es hierhergekommen?

»______________________ ist keine gute kriminalistische Fähigkeit“, sagt Jeffries.

Warum sagte Detective Jeffries: „Das hat keiner von euch gesehen!“, nachdem er mit Simba geschmust hatte?

Auf dem Dachboden zieht Detective Jeffries ________________

an und holt ________________________________ aus seiner Aktentasche.

Welche gehört zu den ersten Fragen, die sich ein Ermittler stellt, sobald er ein mögliches Beweisstück entdeckt hat?

____

Warum ist es vernünftig, davon auszugehen, dass der Schuhkarton von jemandem außerhalb des Dachbodens stammt und nicht schon immer auf dem Dachboden war?

____

Kapitel 2: Fein gemacht

Was fällt den Schülern auf, als sie sich den Schuhkarton im forensischen Labor genauer anschauen?

____

Warum sagt Detective Jeffries, dass man Beweise für eine „Feinabstimmung“ in Jasons Zuhause findet?

____

Schreibe die drei Ebenen von Feinabstimmung in die Zeichnung:

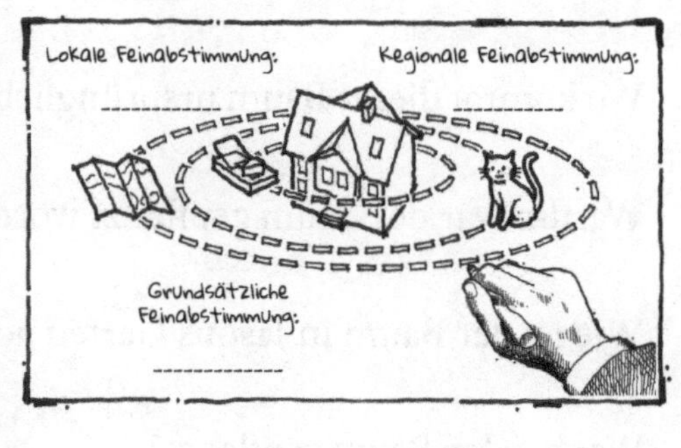

Denke nun über das Universum nach! Detective Jeffries sagt: „Schauen wir uns jetzt die drei Ebenen der Feinabstimmung an, die wir entdeckt haben. Könnte etwas ________________ des Universums dafür gesorgt haben, dass alles so

______________________________ist?“

Kapitel 3: Anweisungen fürs Leben

Zwei Gegenstände im Schuhkarton unterscheiden sich von den anderen, weil sie ________________________ enthalten. „Künstler sind ______________, genau wie Autoren."

Wen stellt der Junge auf der Zeichnung dar? ________________

Was weiß Jason über den gemalten Baum? __________________

Was für ein Baum ist das? ________________________________

Wo kommt dieser Baum ursprünglich her? __________________

Warum war der Baum gepflanzt worden? ___________________

Wie ist der Baum in Jasons Garten gekommen? _____________

Wer hat den Baum gepflanzt? _____________________________

Denke nun über das Universum nach! „Alle ________________ in unserem Universum, alles auf unserem Planeten – von Bakterien über einfache zelluläre Organismen bis hin zu Pflanzen wie Jasons Ahornbaum, von Tieren wie Simba bis hin zu uns Menschen in diesem Zimmer – diese Lebewesen sind aus ________________________________ entstanden."

Kapitel 4: Der offensichtliche Künstler

Ergänze die Beschriftung des Nestes, das Jasmin gefunden hat. Welche Beweise gibt es dafür, dass das Nest von Vögeln designt wurde?

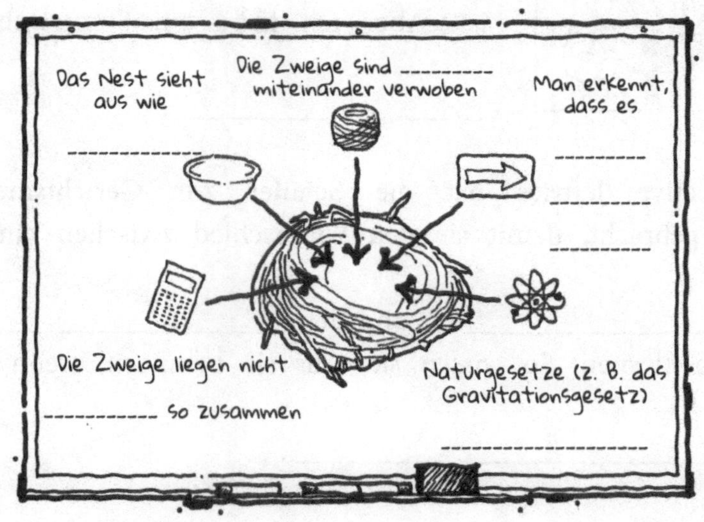

Detective Jeffries sagt: „Okay, seht euch bitte an, was wir bis jetzt gefunden haben. Ich habe das Nest gezeichnet und fünf gute________________, die darauf hindeuten, dass es von ________________Vögeln erschaffen wurde – es ist nicht einfach ______________ oder durch ein ____________________ auf seinen Platz gefallen."

Jeffries zeichnet einen mikroskopisch kleinen Motor. Man nennt es: ______________________________________

Kapitel 5: Über das Denken nachdenken

„Ich bin eine examinierte ______________, genau wie die Art von Arzt, zu dem man geht, wenn man krank ist. Aber ich habe ein Spezialgebiet:

______________________."

Detective Jeffries hat die Schüler zur Gerichtsmedizin gebracht, damit sie den Unterschied zwischen einem

______________________ und dem ______________________ kennenlernen. So wissen sie, was sie benutzen, wenn sie

________________________________.

Dr. Kelley sagt: „Manchmal glauben die Leute fälschlicherweise, dass ________________ dasselbe ist wie ________________, aber das ist nicht richtig. Man kann zum Beispiel ein Gehirn in ________________ halten. Man kann es sogar in ________________ legen!"

Kapitel 6: Seine Meinung ändern

Was findet Hannah in Oma Miris Blumenbeet?

____

Warum denken die Schüler, dass diese Entdeckung etwas mit dem Rätsel des Schuhkartons zu tun hat?

____

„Wir können doch nicht einfach Oma Miris Blumenbeet ____________." Hannah sieht Jason an. „Ich meine, jedenfalls nicht, bevor wir nicht wenigstens ihre ____________ haben."

„Nun", sagt Jeffries, „du hast vielleicht wichtige ____________________ in deinem Garten entdeckt – Beweise, die uns helfen könnten, das Geheimnis ______________ *und* das Geheimnis ______________________ zu lösen."

„Wenn alles, was in unserem ____________ passiert, rein materiell ist, dann verhält sich die Aktivität zwischen euren ____________ genau wie diese Reihe von ______________." Er stößt den ersten Dominostein an, und alle anderen fallen der Reihe nach um. … „Könnte einer dieser Dominosteine sich dafür entscheiden, __________________?"

Kapitel 7: Zwischen Richtig und Falsch wählen

Detective Jeffries erklärte den Schülern, dass sie eine wichtige moralische Wahrheit erkannt hätten, während sie auf Oma Miri warteten. Welche meint er?

____

„Ich bin so froh, dass du nicht einfach ____________________ hast, sondern auf mich gewartet hast", sagt Oma Miri. ... „Versuch einfach, nicht zu viel ______________________ anzurichten, wenn du dein Geheimnis ____________________".

Was entdecken die Schüler im Blumenbeet? Was finden sie darin?

____

Warum sind moralische Wahrheiten nicht reine Ansichtssache?

____

Kapitel 8: Die gute Nachricht angesichts schlechter Dinge

Warum ist das Arbeitszimmer der __________ *und* der ___________ Ort für Oma Miri?

Oma Miri sagt: „Mein Glaube war __________________. Ren hat immer gesagt, dass *Gott die Liebe ist*, aber das konnte ich nicht mehr ________________________. Ich habe einfach aufgehört, an Gott zu glauben."

„Viele Menschen haben sich schon gefragt, warum ein _________________, ________________ Gott ___________________ im Universum zulassen würde", sagt Jeffries zu den Schülern.

„Aber was ist, wenn ___________________ aus mehr besteht als nur aus dem, was uns hier im _______________ widerfährt? Das könnte erklären, warum Gott zulässt, dass Dinge passieren – sogar sehr schlimme Dinge."

Bibelstellen

S. 15

Psalm 56,4

Doch wenn ich Angst bekomme, vertraue ich auf dich.

S. 19

Matthäus 7,7-8

Bittet, und Gott wird euch geben; sucht, und er lässt euch finden; klopft an, und er öffnet die Tür! Denn wer bittet, empfängt; wer sucht, der findet; und wer anklopft, dem öffnet er.

S. 35

1. Mose 1,1

Im Anfang schuf Gott Himmel und Erde.

S. 51

Psalm 19,2

Der Himmel rühmt die Herrlichkeit Gottes, und die Wölbung bezeugt des Schöpfers Hand.

S. 61

Jakobus 1,5

„Wenn jemand von euch nicht weiß, wie er das tun soll, dann darf er Gott um diese Weisheit bitten. Er wird sie ihm ohne weiteres geben und ihm deshalb keine Vorwürfe machen, denn er gibt allen gern."

S. 67

Lukas 2,41-46

Jedes Jahr zum Passafest reisten seine Eltern nach Jerusalem. Als Jesus zwölf Jahre alt war, gingen sie wieder zum Fest, wie es der Sitte entsprach, und nahmen auch den Jungen mit. Nach den Festtagen machten sie sich auf den Heimweg. Doch Jesus blieb in Jerusalem, ohne dass die Eltern davon wussten.

Sie dachten, er sei irgendwo in der Reisegesellschaft. Nach der ersten Tagesetappe suchten sie ihn unter den Verwandten und Bekannten. Als sie ihn nicht fanden, kehrten sie am folgenden Tag nach Jerusalem zurück und suchten ihn dort.

S. 86

Psalm 139,14

Ich preise dich, dass ich so wunderbar und staunenswert erschaffen bin. Ja, das habe ich erkannt: Deine Werke sind wunderbar!

S. 101

1. Thessalonicher 5,23

Gott selbst, der Gott des Friedens, helfe euch, ein Leben zu führen, das in jeder Hinsicht heilig ist. Er bewahre euch völlig nach Geist, Seele und Leib, damit bei der Wiederkunft unseres Herrn Jesus Christus nichts an euch ist, was Tadel verdient.

S. 115
Josua 24,15
Wenn euch das aber nicht gefällt, dann entscheidet euch heute, wem ihr dienen wollt: den Göttern, die eure Vorfahren jenseits des Stromes verehrt haben, oder den Göttern der Amoriter, in deren Land ihr lebt. Doch ich und meine ganze Familie – wir werden dem HERRN dienen!

S. 129
Psalm 40,9
Ich liebe es, zu tun, was dir gefällt, mein Gott, denn dein Gesetz nahm ich tief in mich auf!

S. 143
Johannes 3,16
Denn so hat Gott der Welt seine Liebe gezeigt: Er gab seinen einzigen Sohn, damit jeder, der an ihn glaubt, nicht ins Verderben geht, sondern ewiges Leben hat.

S. 143
Römer 8,28
Wir wissen aber, dass Gott bei denen, die ihn lieben, alles zum Guten mitwirken lässt, also bei denen, die er nach seinem freien Entschluss berufen hat.

S. 157
Römer 10,9-10
Wenn du mit deinem Mund bekennst, dass Jesus der Herr ist, und in deinem Herzen glaubst, dass Gott ihn aus den Toten auferweckt hat, wirst du gerettet werden. Denn man wird für gerecht erklärt, wenn man mit dem Herzen glaubt, man wird gerettet, wenn man seinen Glauben mit dem Mund bekennt.

JUGEND-POLIZEISCHULE
Tatort Schöpfung
....
hat erfolgreich an der Tatort-Schöpfung-Schulung
für Sonderermittlungen teilgenommen.
Daher verleihen wir ihm/ihr dieses
ABSCHLUSS-
DIPLOM
Mit Auszeichnung
Kommissar
Cold Case Christus
Erziehungsberechtigter
Ausbildender Detective

So haben die Ermittlungen begonnen:

J. Warner & Susie Wallace
mit Rob Suggs
Cold Case Christus
Ungelöste Fälle –
christlicher Glaube für Kids
Pb., 144 S.
13,5 x 20,5 cm
Best.-Nr. 271820
ISBN 978-3-86353-820-0

Willst du lernen, wie ein Kriminalkommissar zu denken und spannende Fälle zu lösen? Dann bist du hier genau richtig! Detective Warner Wallace lädt dich ein, an einer Jugend-Polizeischule teilzunehmen und die Herkunft eines mysteriösen Skateboards aufzuklären. Mach mit und befrage Zeugen, untersuche Beweise und kombiniere!

Zusammen mit den anderen Teilnehmern wirst du herausgefordert, den „Fall Jesus Christus“ auf die gleiche Weise zu untersuchen. Sei gespannt, wohin dich deine Ermittlungen führen werden!

Für Kinder zwischen 8 und 12 Jahren. Mit Illustrationen.

... und so gehen sie weiter:

J. Warner & Susie Wallace
mit Rob Suggs
Glaube unter der Lupe
Mit der Kripo auf Wahrheitssuche
Pb., ca. 176 S.
13,5 x 20,5 cm
Best.-Nr. 271842
ISBN 978-3-86353-842-2
erscheint Frühjahr 2024

Ein neuer Fall für die Jugend-Polizeischüler! Im dritten Band der Reihe geht es um einen geheimnisvollen Hund, der den Kindern zugelaufen ist und der ganz erstaunliche Fähigkeiten hat. Während sie alles daransetzen, seine Herkunft aufzuklären, beschäftigt sie auch noch etwas anderes: Zwei befreundete Kids haben große Zweifel an Gott und der Bibel. Ob die Polizeischüler ihnen wohl helfen können? Und wie spricht man überhaupt mit anderen, die den eigenen Glauben nicht teilen?

Für Kinder zwischen 8 und 12 Jahren. Mit Illustrationen.